# 子どもとつながり、学びが広がる！
# オンライン授業スタートブック

上條晴夫　著
オンライン授業を
オンラインで学ぶ会

G 学事出版

## はじめに

# オンライン授業の学びの意味とは

上條晴夫（東北福祉大学教育学部）

　新型コロナウイルスのパンデミックが起こったことで世界中の国々でロックダウンが始まりました。「不要不急の外出」を避けるためのありとあらゆる方策が講じられました。その中で学校もまた長期休校に突入することになります。しかも「突然」といってよい休校です。

　ここで世界と日本の学校に大きなちがいが生まれます。

　世界の多くの学校が「オンライン授業」をすぐ開始できたのに対して、日本の学校はプリント教材を子どもたちに配布し、それを毎日やるように指示しただけで学校教育の大事な機能が一時停止になりました。

## オンライン授業が出来なかった訳

　その後、次第に明らかになってきたことは、日本の ICT 教育に関わるインフラは世界の中で最も低い位置にあったということです。簡単な Web 会議システムを使ってオンライン授業を行おうとしても、まったくインフラが整っていなかったのです。また学校外と交信をできなくするような様々な「情報の縛り（規制)」があることもわかりました。

　行政主導で東北地方のある市がすぐにもオンライン授業を開始するという Net ニュースが流れたので、その市で仕事をしている先生に取材をしたことがありました。市のセンター校に集まって、まず勉強会を開きます。学校に帰ってそれを試してみようとすると、学校のパソコンルームで外につながっているマシンはたった 1 台のみ。しかも電波状況が不安定で、けっきょく個人持ちの iPad とモバイル Wi-Fi を使って、通信実験を行ったと言います。それでもそうした即座の行政対応をしたところはよい方で、多くの自治体がオンライン授業をスルーしました。

## オンライン授業をオンラインで学ぶ

　こうした中で研究仲間の先生たちと「オンライン授業をオンラインで学ぶ会」（以下「オンオン会」）を立ち上げました（https://on-on-learning.jimdofree.com/）[*1]。「できる人ができることからオンラインを始めよう」。100人近い仲間がワッと集まりました。声をかけた仲間の中にはオンライン授業など朝飯前のICT教育の先端的実践家もいましたが、多くは子どもたちとの協働的な学びを続けることを切望した仲間たちでした。オンライン授業のノウハウを学ぶのは当然として、オンライン授業をすることの学びの意味も考え始めました。

　まずは複数の「オンライン授業入門講座」を創ることに集中しました。そして、それと並行して、「オンオン会」の仲間たちと「放談会」「哲学カフェ」「OST（オープン・スペース・テクノロジー）」などの形で対話を繰り返しました。「授業をする目的は学力向上だけではなく、『人格の形成』が大事だ」「机や椅子に身体を縛りつけるような教育からの解放が大事ではないか！」「学校機能としては学力向上と同時に『ケア』という観点からの働きかけが必要になってきているかも」など。

## 研修プロフェッショナルとの協働

　オンライン授業の方法と同時に本質観取が必要だと考えました。いまオンライン授業を推進するということは、これまで学校で行われてきた授業をただオンラインに乗せて配信することではないはずです。withコロナの現在、子どもたちに必要な学びとは何か。従来の学校空間で創り出された原理と方法をみんなで見直すことが必要だと考えました。

　ちなみに、「オンオン会」メンバーは現場教師が中心になっていますが、会の活動をサポートするオンライン＆ファシリテーションの専門家たちが多数参加しています。こうした研修プロフェッショナルとのワークショップづくり、その活動を通したリフレクティブな対話が私たちがオンライン授業の意味を考える際の決して小さくない力になっています。

---

[*1]　会員になるには現会員の推薦が必要。
　　　https://www.facebook.com/pages/category/Elementary-School/101773798190537/

子どもとつながり、学びが広がる！
# オンライン授業スタートブック
## 目次

# オンライン授業入門

安田太郎（ピープルフォーカス・コンサルティング（上海）有限公司）

## ■ 生涯忘れられない体験 ◇◇◇◇◇◇◇◇◇◇◇◇◇◇◇◇◇◇◇◇

　自然と涙がこぼれ落ちる……。グローバルで活躍するオンライン集合研修の大家、インド人のJ先生の研修で受けた衝撃は、今でも忘れられません。J先生はこの道20年のベテラン。世界中のリーダーたちに激変する時代の中で自らを奮い立たせる方法、周囲と協力して成果を上げる方法、自主性を育む方法などを世界中の人たちに伝えています。彼女の実体験にもとづく、痛みを伴った真実の物語が、1人ひとりの心の琴線に触れて自然と涙がこぼれるのです。（1時間に3回も！）

　涙がこぼれるオンライン集合研修。それはJ先生の語り口に加え、オンラインならではの工夫が随所に見られました。冒頭から、受講者の名前を呼び1人ひとりと信頼関係をどんどん作っていくのです。さらに、適切なタイミングでシンプルな質問をし、参加者に意見をチャットに入力させていきます。そして、書いた人の名前を呼びながら、入力した内容を読み上げ、その上で彼女自身の感想やアドバイスを添えていきます。受講者の集中力がどんどん高まり、彼女のメッセージに受講者全員がじっと耳を傾けていきます。1人ひとりの感情がダイナミックに動き、彼女の優しい声かけによって、受講生1人ひとりの心の奥そこからマグマのように好奇心が吹き出していくのです。こうなれば、参加者の学ぶ意欲はもう誰にも止められなくなります。

　オンライン集合研修では受講者は目よりも耳からの情報収集が優位になります。実は、耳には不思議な力があって、相手の声の大きさ、スピード、テンポ、微妙な声の震えを聞き分け、相手の感情、意図、さらにはその人のあり方、生き様にまで無意識的に読み解く力があります。J先生の声には、彼女自身の在り方、生き様、想いが詰まっていました。その声が、インドから物理的な距離など軽々と超えて、上海にいる私の

心にまで届くのです。オンラインの大きな可能性を感じた貴重な体験となりました。

## ■ J先生の一挙手一投足を言語化することに挑戦！◇◇◇◇◇◇

2014年、私は中国（上海）に会社を設立して以来、中国のクライアント企業に対して、研修、ワークショップ、コーチングを提供して参りました。2020年1月20日、中国では緊急事態宣言が政府から伝えられ、各都市のロックダウンが始まりました。人が集まる場所はことごとく封鎖され、我々の仕事はすべて延期、あるいは中止に。私自身、健康の不安に加え、経営の不安を抱える中、オンラインでの研修、コンサルティングサービスの提供でしか生き残る道はなくなったと悟りました。この未曽有の危機の中、以前から温めていたオンライン研修プログラムを完成させることを決意。私自身25年近く「人のアセスメント」という仕事を長くやって参りました。それは、人の表情、しぐさ、口調、行動、言動を事実ベースで記録し、整理し、体系化し、1人ひとりの特徴、強みを明文化して、本人に伝えるという仕事です。私はJ先生のオンライン研修動画を何度も見返し、行動の1つひとつを記録、整理して「オンライン集合研修のデザインとファシリテーション・スキル」というプログラムを3月からクライアント企業の企業内講師、プロの講師、大学の講師向けに提供し始めたのでした。そのプログラムを学校の先生向けに開発し直したものが今回ご紹介する「安田太郎のオンライン授業入門」です。

## ■ 「安田太郎のオンライン授業入門」のご紹介 ◇◇◇◇◇◇◇◇

4月21日及び28日に、オンオン会主催のセミナーでお伝えした内容の一部をご紹介します。セミナーに参加された多くの先生方は、コロナ禍の制限の中で、いかに生徒たちとつながり続けるか、いかに生徒たちの学びを支援し続けるかについて、悩んでおられました。私自身、オンライン授業が鍵を握る施策だと考えていましたが、日本の教育現場について理解を深めるため、大学教授、高校の先生方にお話を伺うことにしたのです。

## ■「3つのハードル」◇◇◇◇◇◇◇◇◇◇◇◇◇◇◇◇◇◇◇◇◇◇◇◇◇◇◇◇

そのお話を通して、日本における
オンライン授業の導入には、越え
なければならない「3つのハード
ル」が存在することを知りました。

まず「第1のハードル」は、こ
れまでの指導観との整合性です。
オンライン授業を導入しようとす

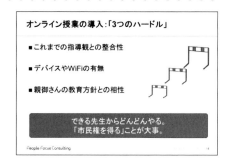

ると、まず周りから様々な反応が返ってきます。実際に生徒1人ひとり
の顔を見て授業をするべき、オンライン授業が今までの授業の代わりに
はならない、だからこのタイミングでオンライン授業をやるべきではな
い、等の声です。オンライン授業を始めようとしている先生の多くが、
孤軍奮闘を余儀なくされていることがよくわかりました。

そして「第2のハードル」、デバイスやWiFiの有無です。無事に第
1のハードルを乗り越えても、パソコンやスマートフォンなどを生徒た
ちに提供できない、あるいはまた、そもそもWiFiのないご家庭がある
ため、公平な教育機会を提供することができず、当面オンライン授業の
導入を見合わせる、ということが起こっていました。

さらに「第3の"高い"ハードル」が待ち受けます。それは、親御さ
んの教育方針との相性。曰く、うちの子どもにパソコン、スマートフォ
ンなどは使わせたくない、問題集で勉強すればよい、などです。

このようにオンライン授業の導入には越えなければいけない3つの
ハードルがあり、多くの先生は、いずれかの段階であきらめている現状
を知りました。その厳しい状況の中でも、生徒たちとのつながりを何と
か実現したい、生徒たちの学びを支援したい、という強い想いをもった
先生たちを前に、私は次のようにお伝えしました。

「3つのハードルをよく見て下さい。ハードルの下は"がら空き"で
すね。くぐっていきましょう！　目的は、皆さんの児童生徒たちとのつ
ながりを継続する！　児童生徒たちの学びを支援し続ける！　というこ

とですよね。できる人からどんどん進めましょう。市民権を得るまで、やり続けましょう。市民権を得れば、ハードルは消えてなくなります。皆さんは、教育界のチェンジリーダーです」。

先生方1人ひとりの熱い思いを私は言語化したにすぎませんでしたが、勇気づけられた、ハードルのスライドが一番心に刺さった、明日から私1人でもやり抜きます！　などの声が多く聴かれたのでした。

## ■オンライン授業を成功させるための「5つのポイント」◇◇◇◇

ただし、やみくもに行動しても、質の良い授業にはならないため、オンライン授業成功の「5つのポイント」を合わせてお伝えさせていただきました。

【ポイント1】

まず、そもそもオンライン授業を通じて何を理解し、何ができるようになるのか、ゴールを今一度明確にするということです。実はこのゴールを明確に描くことが、物事を始める際には必ず必要になってきます。当たり前のことな

オンライン授業を成功させるための「5つのポイント」

1. 授業を通じて何を理解し、何ができるようになるのか？等、ゴールを今一度明確にすること。
2. そのゴール達成に向けて、生徒たちが各自事前に取り組むべき内容と、オンライン授業でしか学べない内容を、それぞれ整理すること。
3. これまでの授業の作り方、進め方の概念を大きく変換すること。
4. 生徒が集中して楽しく学べるための方法を真剣に考え、実行すること。
5. 誰一人取りこぼさない(No one will be left behind)を実現するために、生徒から感想を聞き、次回以降の設計・進行に活かすこと

オンライン授業の設計と進行に正解は、存在しません。あれこれ悩むより、まずは実行しましょう！

People Focus Consulting

のですが、私達ビジネスの世界でも度々強調されるポイントです。「ゴールを描くことから始める」、これはすべてのものごとに当てはまる大原則です。

【ポイント2】

次に、その描いたゴールに向けて、生徒たちが事前に取り組むべき内容と、オンライン授業でしか学べない内容にそれぞれ整理することです。つまり、これまで授業で伝えていた内容を取捨選択することが必要になります。なぜなら、オンライン授業では、生徒たちが長時間集中することが難しいためです。ちなみに大人でもオンライン集合研修に集中できる時間は1時間が限度。2時間実施する場合は、間に5分〜10分の休憩

を必ず入れます。さらに１日４時間がオンライン授業の限度であり、それを越えると集中が落ち、学習効果は著しく下がってしまいます。１回１時間以内、１日４時間以内というのが基本的な考え方。生徒の年齢が低くなればなるほど、この時間はさらに短くすべきでしょう。そのためには、今までの授業で伝えていた内容をそのままオンライン授業で伝えるのには無理があります。事前に取り組むことができるものは、事前課題にするなど、思い切って断捨離しましょう。

【ポイント３】

　そして、これまでの授業の作り方、進め方の概念を大きく変換することです。生徒たちはパソコンやスマートフォンの画面を通じてオンライン授業に参加しています。パソコンやスマホの画面に、生徒たちを釘付けにすることが求められます。オンライン授業は、地上デジタル放送のテレビ番組のようなものだと考えています。娯楽性（エンターテインメント）と教育（エデュケーション）を合わせた言葉としてエデュテインメントという概念がありますが、今こそこの考え方が教育界には必要だと感じます。この考えに納得がいかない方もいらっしゃると存じます。私もそう考えていた１人です。でも楽しい方が学びは格段に深まり、楽しい方が好奇心の爆発が起こりやすくなります。「楽しい」学びを創りましょう。

【ポイント４】

　さらに、生徒たちが集中して楽しく学べるための方法を真剣に考え実行するのです。「５分ルール」という考え方があります。人が相手の話を一方的に聴くことができるのは、４分程度という調査結果があります。集中力を維持するため、５分毎に生徒たちに何かをさせるのです。例えば、生徒にシンプルな問いを投げかけ考えてもらう、その答えをチャットに入力してもらう、あるいは声に出して回答してもらう、スタンプを押してもらう等です。集中力が切れると、他のことに意識が移り学習効果が下がってしまうのです。また楽しく学ぶために、１人ひとりの感情を揺り動かしていきましょう。え！　なぜ？　どうして？　なるほど！

もっと知りたい！　もっと学びたい！　となるように考え実行していくのです。この４つのポイントを押さえ、実行すれば、大きな成果が得られるはずです。実際、この鉄則を守ると、大きな反響が返ってきます。「今まで受けた授業の中で最もインパクトがありました」等です。しかしながら、最後の５点目を忘れないでいただきたいのです。

【ポイント５】

　それは、誰一人取りこぼさない（No one will be left behind）という考え方です。これは、SDGs の最初に書かれている言葉でもあります。常にこの言葉を胸に、オンライン授業終了後は、必ず生徒たち１人ひとりの声を収集し、次に活かしていただきたいと考えています。

## ■Zoom のツールを遊びながら学ぶ◇◇◇◇◇◇◇◇◇◇◇

　このセミナーでは、Zoom*¹の様々なツール（スタンプ、チャット、テキストや図形の書き込み等）を活用し進めました。オンライン授業では、如何に効果的かつ創造的にツールを活用するかが大切です。このセミナーの冒頭、Zoom のスタンプ機能を使った簡単なゲームをしました。「今いる場所にスタンプを押す」というものです。北は北海道から南は九州まで、全国津々浦々から参加されていることが参加者全員でほんの数秒で確認することができました。オンライン授業では、シンプルで答えやすい問いから始め、ツールやチャットへの書き込みに慣れていただくことが鉄則です。知らず知らずのうちに、当たり前のように画面にスタンプを押していた、チャットに自分の考え、本音を躊躇なく書きこんでいた、というのが望ましい姿です。そうすると、現実の授業では見られなかった効果が表れ始めます。例えば、教室ではほとんど発言をしな

---

＊1　パソコン、スマートフォン等から複数人での同時参加が可能な Web 会議ツール。
https://zoom.us/jp-jp/meetings.html

かった生徒が積極的に自分の意見をチャットにわかりやすく記述したり、その行動に触発されて他の生徒たちが深く思考するようになったりする、等です。

## ■具体的な進行スキルとは ◇◇◇◇◇◇◇◇◇◇◇◇◇◇◇◇◇◇◇◇◇◇◇◇

　また、このセミナーの中では具体的にご説明していなかったのですが、オンライン授業を「進行」する際のスキルを2つご紹介したいと存じます。

【スキル1：ラポール】

　ラポールとは、フランス語で「橋を架ける」という意味。このラポールは、心理学の用語として、お互いの心を通じ合わせ、真のコミュニケーションをする前提条件を整えることを指します。オンライン授業の場合、どんなに相手との関係が出来上がっていても、毎回ゼロリセットで始まります。授業の開始時点で、毎回ラポールを心掛けましょう。具体的には、講師は参加者の発言（口頭、文字）に対して、可能な限り発言者の名前を呼んだ上で、その発言に対するコメントを添えるようにしましょう。また参加者の押したスタンプや図、絵などには、「あなたの反応を私は受け取った」という意思を言葉で伝えましょう。常に、貴方の存在を私は感じている、認識している、というメッセージを生徒の皆さんに伝えていくのです。これが「学びたい！」という好奇心を爆発させる土台となっていきます。

【スキル2：（声の）観察】

　前述の通り、オンライン授業の場合、先生も生徒たちも情報を受信する主要な器官は、目ではなく耳になります。メラビアンの法則を例にとるまでもなく、通常私たちは主に目から情報を受信していますが、オンラインでは圧倒的に耳からの情報に頼ることになります。耳が捉える情

報は、言語情報のみならず、非言語情報（相手の息遣い、話すスピード、トーン、テンポ、沈黙のタイミングやその長さ、等）を含み、私たちは、耳で相手の表情、姿勢、感情を読み取ることができます。ぜひ声なき声に耳を傾け、「ちょっと気になるな……」、「何か言いたげだな……」など、ふと心に浮かぶその感覚を大事にしながら相手に言葉を投げかけてみましょう。結構な確率で正確に観察できていることを感じるはずです。

■ 最後に…… ◇◇◇◇◇◇◇◇◇◇◇◇◇◇◇◇◇◇◇◇◇◇◇◇◇◇

　私が心から尊敬する上條晴夫先生は、現在の状況を「新カンブリア爆発」と表現されました。カンブリア爆発とは、古生代カンブリア紀、およそ5億4200万年から5億3000万年前の間に突如として今日みられる動物の種類が出そろった現象を指します。『自己組織化と進化の論理』の著者スチュアートカウフマン教授によれば、進化は単純に自然淘汰によるものではなく、自己組織化によるものであり、その結果「良い」進化がおこると言います。自己組織化、つまり「自ら変わろうと決め、自ら変わり続けること」です。自己組織化し、自然淘汰の波を乗り越えて初めて次の時代の切符を手にすることができるのです。

　後世、2020年は、「新カンブリア爆発元年」と呼ばれているかもしれません。すべての領域、業界において、新しいものがどんどん生まれています。これまでには見られなかった業界から、例えばIT業界、エンタメ業界、広告業界など、それぞれの専門家たちが、教育の領域に進出してきています。オンライン授業の形態も、あるいは学校という存在そのものも、これから大きく変化し、進化していく可能性があります。異なる業界、異なる専門性、異なる国にいる人同士がオンライン上でつながり、新しい教育、オンライン授業を考えていく。原理原則、本質を押さえつつ、これまでにはない発想で、新しい挑戦をし続ける。この先に、次の時代の教育が立ち上がってくると強く信じています。

# Zoom で遊ぼう

池亀葉子（特定非営利活動法人 Creative Debate for GRASSROOTS 理事長、民間こども英語講師授業研究会主宰）

## ■「もう、英語教室を続けられない。」◇◇◇◇◇◇◇◇◇◇◇◇

民間英語教室の先生たちの勉強会で、こんな悲壮な声が聞かれるようになったのは、新型コロナウィルス拡大により世間の不安感が増していた2020年3月頃のことでした。対面での授業ができなくなり、再開の目処も立たない状況の中で、全国の英語教室の先生たちはオンライン授業への切り替えを模索中でした。それこそ死活問題ですし、子どもたちの学びを止めてしま

イラスト協力：ドリー北村

わないようにと頑張るのですが、オンライン授業にまつわる問題は続出していました。

「何とかしなければ！」と考え、「Zoom で遊ぼう」という活動提案を作成しました。「今、始めるオンライン授業」は、その子にとっては、一生に一度しかない「はじめてのオンライン」になるのだ。その1回目で心が折れるようなことは防ぎたい、という願いを込めて。

## ■ クラスと生徒の関係を変えるチャンス ◇◇◇◇◇◇◇◇◇◇◇◇◇

オンライン授業では、それぞれが暮らす場所からの発信であるため、「その人らしさ」や「個性の違い」の発揮・発見がしやすくなる利点があります。また、オンラインで一斉音読をしてみると、機械を通して聞こえてくる声が気になって文章の意味が頭に入ってこないと感じる子がいます。これは、「私は、音声を切って音読した方がわかりやすい」「僕は黙読した方がいい」など、自分や仲間の学びやすさ「学び方の個別化」を深めることもできます。「自分」という主体が「クラス」に関わって学びを作っていく、という視点を育てられるチャンスだと感じました。

■ゲームの紹介 ◇◇◇◇◇◇◇◇◇◇◇◇◇◇◇◇◇◇◇◇◇◇◇◇◇◇◇◇◇

〈「あ〜」っていうゲーム（ミュートの達人）〉

【ポイント】

・新しいツールと出会い、それに親しむ
・大人に教えてもらわなくても自分たちで新ツール機能を発見できる
　ことを知る

【ゲームの流れ】

① 「一番下にマイクのマークがありますね。これは何に使う

ものなんだろう。調べてみましょう。」と言って、子ども
たちが自由に触って調べるのを見守ります。「マイクの
マークはいくつあるかな？」「どんな発見がありましたか？」などの
ように話しかけ、Zoomの機能を発見できるように促します。子ども
たちは話し合いながら、声を消すミュート機能や音量を表す機能があ
ることを次々に発見していきます。

② 「今から『あ〜って言うゲーム』をするね。世界で一番くだらない
ゲームです。先生がやってみるね。『あ〜』って息が無くなるまで言
います。その間にマイクマークを何回も押しまくります。さて、一体
どんな風に聞こえるでしょう。推測してみてください。」と言って、
一通りの推測が終わってから行います。子どもたちは、予想通り声が
途切れることを確認したり、発信者の画面にあるマイクマークの色が
変わることや斜線が入ることを見つけたりします。中にはミュートの
直前に小さな雑音が入ることを発見した子もいました。

③ 「今度は、みんなもやってみようか。」子どもたちは、うれしそうに大
声を出したり、声の質を変えてみたり、ミュートをクリックする速さ
を変えて見たりして自由に遊びます。

【留意点】

・画面オン／オフ、反応、チャットなど他の機能についても観察したり、
推測や実験をしてみたり、それらをゲーム化することもできます。

15

## 〈見せて！〉

### 【ポイント】

- Zoom 画面の前の席から飛び出す楽しさを知る
- それぞれの家の中にあるものを使って遊ぶ
- 子どもたち同士の互いへの関心を引き出す

### 【ゲームの流れ】

①子どもたちに向かって「『見せて！』というゲームをします。いろんなものを『見せて！』と言うから、お部屋の中にあるものを素早く持ってきて見せてください。」と説明をします。

②「赤いものを見せて！」と急がせるような言い方で指示を出します。子どもたちは、うきうきしながら席を立ち、あちこち動き回って部屋の中から赤いものを探し出し、画面に映します。筆箱、服、おもちゃなど赤いものが画面一斉に並びます。「わあ、それなあに？」「それかわいいね」などそれぞれコメントしながら画面を見渡します。

③次に「やわらかいもの見せて」と指示を出します。ぬいぐるみを大切そうに持って来る子、ふわふわのキーホルダーを見せてくれる子、冷蔵庫から豆腐を持ってくる子まで現れてどんどん子どもたちの表情がいきいきとし、発言が増えていきます。

④「今度は、自分を幸せな気分にしてくれるものを見せて！」子どもたちは「ええ？　幸せな気分？」とわくわくした様子で画面を離れて行き、お菓子、コミック本、ペットなどを見せ、コメントを言い合います。

### 【留意点】

- できるだけみんなの姿が見えた方が楽しいので、ギャラリービュー[*1]の設定にすると、より良いです。
- どんなものを『見せて！』のお題にするかのアイデアを、子どもたちからも出してもらうとより楽しくなります。

---

[*1]　Zoom の画面表示は、スピーカーを大きく表示する「スピーカービュー」と参加者全体（パソコンの場合、最大49名）を表示する「ギャラリービュー」がある。表示の切り替えは、画面右上のボタンをクリックする。

〈即興順番ゲーム〉

【ポイント】

・オンライン特有の音声や映像のズレを観察する

・互いの顔を注視することやされることに慣れる

・失敗の儀式をして失敗は楽しいことだというムードをつくる

・オンライン上の座席を決める

【ゲームの流れ】

①5〜8人くらいの参加者を決めます。全体の人数がそれより多い場合は、参加する子ども以外を画面オフにします。

②「1人ずつ、ただ1から数を言っていくゲームです。1人目が『1』2人目が『2』3人目が『3』と言って、5人いるから5までの数を言うことになりますね。言う順番をあらかじめ決めず、その場で即興で決めます。最後まで声をかぶらせずに、そして誰も言いよどんだりせずにテンポよく言えたら成功です。成功した時はみんなで拍手をしましょう。失敗した時は『失敗の儀式』をします。失敗の儀式は、みんなでポーズをつけながら『しゅーーーーぽんっ！』と言いましょう。」

イラスト協力：ドリー北村

③成功したら、それぞれの言った数を覚えて同じ順番で再度ゲームを行います。「今度は何秒で言えるかな？　速く回すためにはどんな工夫ができると思いますか？　さあ、1分間の作戦会議をもちましょう。」とアイデアを出し合いながら何度も行います。

はじめは恥ずかしそうにしていた子どもたちも徐々に声が大きくなったり発言回数が増えたり、夢中になっていく様子が伺えました。

【留意点】

・授業のはじめにこのゲームをしておけば、発言の順番を決めたり指名したりする手間が省けて便利です。

・振り返りで、オンライン授業で感じた違和感を出し合うようにすると、オンライン授業への不安感や嫌悪感を減らすことができます。

## 〈Sevenの呪い〉

### 【ポイント】

・「Seven Steps」の歌に合わせて画面から出入りしたりして遊ぶ

### 【ゲームの流れ】

①「席を立って、自分の身体が画面に映るように調節してみましょう。」
と言って、子どもたちで工夫して上半身以上は見えるようにします。

②「今から歌を歌いながら自由に行進します。Seven の時には画面の前で
面白いポーズをしないと呪いがかかるから気をつけて下さいね。」その時
に、先生の声は聞こえるが姿は画面からはみ出てしまって見えなくなる状
態にすると、子どもたちも面白がって真似をします。Seven の時にはすば
やく画面前に戻り、みんなの変なポーズを見て楽しみます。

### 【留意点】

・今回は、アメリカ民謡「Seven Steps」を使っていますが、他の曲で
ポーズの時のキーワードを決めて楽しむこともできます。

・毎回リーダーを決めて曲の最後の時に、誰のポーズが好きかを言う活
動も楽しいです。

## 〈かくれんぼもどき〉

### 【ポイント】

・画面から見えなくなることでかくれんぼを楽しむ

### 【ゲームの流れ】

①「『Five, four, three, two, one』で画面から消えるかくれんぼをしま
す。でも、これはかくれんぼもどきです。必ず身体のどこかがかくれ
て無いようにしないといけません。」

②合図で一斉に隠れます。「Pee-ka-boo！」で画面に一斉に現れます。

### 【留意点】

・指や肘など身体の一部だけをどうやって見せようかという工夫が楽し
いです。

・現れる時に、「画面の横から」「上から」と制限をかけても楽しいです。

## 〈散歩に行こう〉

### 【ポイント】

・画面から離れて活動する楽しさを経験する

・空想で遊ぶ楽しさを味わう

### 【ゲームの流れ】

① Zoom画面の向こうの子どもたちに「今からどんなところにでも行けるとしたら、どこに行きたいですか？」と質問します。公園、遊園地、海、沖縄、空、宇宙などの答えが返ってきます。

②「今日はそこに想像力で行ってみます。目を閉じ、その場所の様子を思い浮かべて下さい。そこで何をしたいかな？」と語りかけます。

③「目的地に行くまでの道ではどんなものが見えるかな？　お花かなあ？　乗り物に乗っている時、窓からは何が見えるかな？」などと助言をして子どもたちのイメージを少しだけふくらませます。

④「では静かに立って、歩いてそこに行ってきて下さい。お部屋の中を自由に歩いて行って来てね。その時にさっきの道のりを思い浮かべてね。」
「そこでどんなことをして遊びたいかな。そろそろ帰ろうかなと思ったら帰ってきて下さい。じゃ、行ってらっしゃ〜い！」

⑤ランダムに画面の前に帰ってくる子どもに「おかえり」「楽しかった？」と声をかけます。その声が他の子の散歩を切り上げる合図になります。「どこに行ったかはまだ秘密にしておいてね。」と伝えます。

⑥みんなが着席したら、「3ヒントクイズ」をします。1人を選び、「目的地で見えたものを3つ言ってください。」と促します。（例：魚、わかめ、潜水艦：答えは海底）。他の子どもたちがその場所を当てます。

### 【留意点】

・3〜4人でブレイクアウトルーム*² に分かれて、それぞれのグループで3ヒントクイズをすることもできます。

・学校の中の施設や、外国や他県に行く、また○○時代にタイムワープという設定にすると、教科の学習にも応用できると思います。

---

*2　ミーティングを最大で50の別々のセッションに分割することができる「Zoom」の機能。詳しくは、「Zoom ヘルプセンター」https://support.zoom.us/hc/ja/articles/206476093を参照のこと。

# オンライン朝の会

蓑手章吾（東京都小金井市立前原小学校）

## ■オンライン化を決心した背景 ◇◇◇◇◇◇◇◇◇◇◇◇◇◇◇◇◇◇◇◇

　新型コロナウイルスによる休校措置に伴い、真っ先に考えたのが「子どもたちがつながり続けられる場を、どう維持していくか」でした。学校に来られなくなり、友達とのつながりが遮断されるという前代未聞の状況。そんな中、活路はサイバー空間にしかないと思い立ち、「ホームルームのオンライン化」について思考を巡らせたのがそもそもの始まりでした。

　私が勤務する小金井市立前原小学校は平成29年度からの3年間、総務省の「スマートスクール・プラットホーム」実証事業指定校として研究を続けてきました。児童1人1台のパソコン等があると、学校教育の可能性はどこまで拡張するかについて、子どもたちとともに探究してきました。小金井市教育委員会の大きなバックアップもあり、クラウド活用にも果敢に挑戦してきました。そのような環境も手伝って、休校直後にオンライン化を実現できたというわけです。

　とはいえ、全家庭のインターネット環境が整わない中で、教科学習を進めるわけにはいきません。そこで、この休校期間中に子どもたちに付けてほしい力を2つに絞りました。

　1つは「学びの楽しさを取り戻す」こと。本来「学び」は生物的・本能的な快楽のはずです。しかし日本の学校教育のどこを見ても、同じ現象が起こっています。入学式に「勉強楽しみ！」「どんなことを教えてもらえるんだろう？」と心弾ませて入ってきた子どもたちが、卒業する頃には「もう勉強なんてしたくない

©子育てマーケター・森田亜矢子

……」と出て行く。このブラックボックスってかなりマズイのではない
か、それが私の長年の問題意識でもありました。

　もう1つは「学校や先生がいなくても成長できる」という実感をもっ
てもらうこと。成長というのは、学習者本人のマインドによって大きく
結果に影響します。主体的に、自分事として学ぶことで効果は倍増する
し、成長が実感できれば次のモチベーションにもつながりますよね。そ
んな成長のサイクルを身につけてほしいと思い、これまでも実践を積み
重ねてきました。

　教科を進められない状況なのは全国どこの公立学校でも同じはず。で
あるならば、そこを逆手に取って「教科の進度にとらわれなくてよい」
というポジティブ発想に転換しました。そこで目を付けたのが、私がか
ねてからその効果を信じてきた「遊びの力」でした。

## ■ 遊びの力 ◇◇◇◇◇◇◇◇◇◇◇◇◇◇◇◇◇◇◇

　近年の教育界では、非認知能力やソフトスキルの重要性がより強調さ
れるようになってきました。従来の知識とは別に、計画する力や内省力、
やり抜く力などを総称したものです。私も数年前から、これらの力を意
識した教育実践を積み上げてきました。そこで気付いたこと。それは、や
らされている学びの中ではなかなか身に付きにくい、ということでした。

　どんなに効果の高い学習サイクルがあったとしても、最初から決まっ
ているコンテンツを、誰かに決められためあてを立て、規定のフレーム
で発表して振り返るというのでは、なかなか主体的にはなれませんよね。
元々興味の無いことを押し付けられながら、同時に非認知能力を高める
というのは至難の業です。しかし、そこを突破できるのが「遊び」です。

　遊びは元々楽しいもの。楽しいから夢中になるし、ストレスもたまら
ない。壁があれば自ら解決したいと思えるし、うまくなりたいと思えば
勝手に振り返ります。非認知能力を高めるにはうってつけの方法です。
近年では世界的にも、遊びの効能が見直されてきています。（ピーター・
グレイ著、吉田新一郎訳『遊びが学びに欠かせないわけ』築地書館）

## ■学んでしまっている環境 ◇◇◇◇◇◇◇◇◇◇◇◇◇◇◇◇◇◇◇◇◇

　私はこの休校期間中に、遊びながら「学んでしまっている」環境を構築したいと思いました。そこで採用したのが、かねてから授業でも活用してきた授業支援システム「SchoolTakt[*1]」。Web 上で動く学級内 SNS のようなもので、子ども同士が互いにノートを見合いながら「いいね」を付けたりコメントしたりできます。写真や音声データ、動画なども貼れてしまう優れものです。

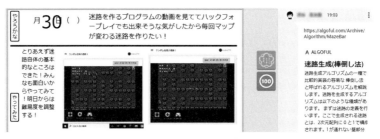

「SchoolTakt」の画面①

　繰り返しになりますが、インターネット環境が無い家庭がある中なので、オンラインでの取り組みは任意参加とし、プリントでも対応できるようにしました。任意参加にするということは、やりたくなければやらなくてよいということ。いかに楽しい環境を維持できるかが、私にとっても未知の挑戦でした。

## ■非同期と同期のハイブリッド ◇◇◇◇◇◇◇◇◇◇◇◇◇◇◇◇◇◇

　この SchoolTakt というツールは、時間や場所に縛られないというメリットがある一方で、学校教員としては「同じ時間に同じ場所で、同じ空気を共有する」ことの大切さも感じてきました。これまで教室が担ってきたこの機能を、なんとか継続できないか……そこで思いついたのが、web 会議システム「Zoom」でした。

　時間や場所に縛られない「非同期型」としての SchoolTakt をメインに、場所や時間を共有する「同期型」としての Zoom を併用する。そんなハイブリッドなオンライン学習を展開することにしました。具体的

＊1　Web ブラウザだけで協働学習・アクティブラーニングを導入できる授業支援システム。詳しくは、ＨＰ（https://schooltakt.com/）を参照のこと。

には、SchoolTakt で
子どもたちが行った
学びを、Zoom で価
値づけながら共有す
る。Zoom で思いつ
いたアイデアをもと
に、SchoolTakt で学

「SchoolTakt」の画面②

びを促進していく。そんな循環を生み出そうと思ったのです。

　とはいえ、子どもたちが参加できる時間帯はバラバラです。そこで子

どもたちに、いつなら
Zoom に参加できるか
のアンケートを取りま
した。その結果、一番
多かったのが朝だった
ので、Zoom で朝の会
をやるということに
なったのでした。

## ■Zoom 朝の会の実践 ◇◇◇◇◇◇◇◇◇◇◇◇◇◇◇◇◇◇◇◇

　8：20。Zoom の部屋を開設すると、すぐに何人かが入室してきます。
「○○くん、おはよう。」1 人ひとり声をかけながら、BGM などを流し
て迎えます。「みんなが集まるまで、チャット欄に昨日やったことや、
今日の予定など自由に書いてね。」子どもたちは緩やかにチェックイン
する時間です。

　8：30。ある程度集まったら、1 人ひとり順番に挨拶をしてもらいま
す。リアルの教室でもやってきたことですが、全員が一度は声を出すこ
と、1 人の声を全員が聞く場があることを大切にしています。

　その後に体調チェック。ハンドサインで「○・△・×」を表現しても
らいます。Zoom の画面上だとどうしても反応がわかりにくくなる分、

ノンバーバルな表現が重要となってきます。最初に体で表現させることで、その後のハードルを下げるねらいもあります。

　体調チェックが終わると、朝の会のルールを全員で共有。①顔はなるべく出すこと、②話すとき以外はなるべくミュート、③チャットに絵文字は使わない、の３点です。オンラインで実践している先生たちの間では、ミュートにさせるかどうかで議論が分かれているようですが、私は「子どもたちに考えさせる方式」です。このルールも子どもたちが考えたもので、いつでも改訂可能なものとしています。

　そしてここからがメイン。子どもたちの作品や学びの足跡を、１日平均10人程度紹介しています。事前にSchoolTaktの取り組みの中で、新しいチャレンジをしたり自分の限界に挑戦したりしている子どもたちを中心に、ページをスクリーンショット

トで撮影してプレゼンに貼り付けておきます。絵を描いてみた子、ピアノを録音した子、ムービーを作成した子、料理をした子。１人ひとりを取り上げて「すごいよね」「おもしろいよね」と紹介しながら、インタビューして具体や想いを引き出していきます。チャット欄では他の子たちが「すげー！」「私も作ったことあるよー！」と書くなど、様々な反応が見られます。

　最後に、まとめとして私から１つだけ話をします。子どもたちの取り組みから感じたことや、これから考えてみてほしいことなど、内容は前日に考えるようにしています。子どもたちから困っていることや質問を受け付けたり、今日のめあてが決まっているかを聞いたりして、朝の会を閉じます。

　その後は自由時間！　子どもたち同士でしゃべってもいいし、遊んでもいい。リラックスして、他愛も無いことを話しています。これって結構重要だと思うのです。Zoomではばさっと切ってしまうことが多いか

と思いますが、現実の教室ではそんなことありませんよね。余韻も大切に、オンライン上で再現したいなぁと考えています。

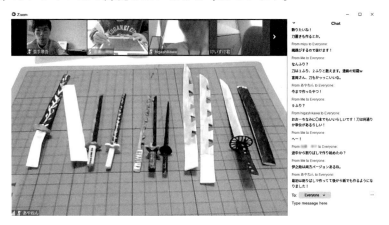

## ■ 3ヵ月やり続けた児童の勇姿 ◇◇◇◇◇◇◇◇◇◇◇◇◇◇◇◇◇◇◇◇◇◇◇◇

　何より、任意参加で3ヵ月やり抜いたことが、子どもたちの力の証明だなぁと感じます。友達の学びから受ける刺激、認めてもらえる自信、つながり合って同じ時間を共有できる喜び。それらが子どもたちにとってどれだけ大切で、またそれさえあれば子どもたちは自ら、嬉々として学ぶという事実を改めて感じることができました。

　最初の頃は恥ずかしがっていたけど徐々に自信を付けていった子、自分の弱さと向き合いながら少しずつ幅を広げられた子、めあての立て方や振り返りといった非認知能力がぐんと伸びた子。他にも、新たな一面を表現したことで、友好関係を広げた子も多くいました。

　オンラインだからできなくなったこともあるけど、オンラインだからこそできるようになったこともある。3ヵ月経ち、参加人数はむしろ増えているほどです。私たち教員も、これからの学校のあり方について今一度考え直さなければいけませんね。

# 従来の授業から広げる「オンライン授業」の可能性

曽根義人（宮城県塩竈市立杉の入小学校）

## ■オンライン授業に向けた一歩を踏み出そうとしたきっかけ

　卒業生を担任していた私は、思いもよらぬ全国一斉休校に伴い、3月は卒業式だけしか子どもたちに会えないという状況でした。もちろん、会えない寂しさや長期休校によるメンタル面の心配はありましたが、それまでの期間で築いた信頼関係から、会えなくても子どもたちの思いを想像することは難しくなかったように思います。ところが、4月も引き続き休校は延長され、新しく担任する子どもたちと十分な時間を過ごせない年度始めになりました。本当は期待が膨らむ新学期にも関わらず、学級への所属意識の感じられないクラスの子どもたち。家庭訪問に行けば、気持ちの浮き沈みや友達に会えないもどかしさを保護者から相談されることがありました。今、学校にできることは、子どもたちをつなぐこと、そして、少しでも早く安心感を与えることではないかと考えるようになりました。さらに、学校再開後には、対話や机配置などの制約がある中での授業になることが予想されたので、休校中にこそ、オンラインのツールを活用した授業づくりをしていかなければならないと考えました。

## ■どのような学び、実践を積み重ねたのか

　オンライン授業の可能性を実感するきっかけは、「オンオン会」主催の「安田太郎のオンライン授業入門講座」に参加したことです。講師の安田さんからZoomの操作を教えていただき、想像以上に子どもたちの声を反映した授業が展開できることを学びました。共有した画面にスタンプを押して学習者の考えを反映させられること、チャット欄へ記入を促し学習者の意見を集約することなど、これまでの授業のやり取りと同様のことがオンラインでもできるという気付きは、オンラインツールを用いた授業づくりの意欲をかき立てるものになりました。また、入門講座当日の他の参加者の反応は、双方向でのやり取りによって、活動への意欲がわき、オンライン授業への

熱が高まっていることが伝わるものでした。そういった実感を通して、オンライン授業づくりを始めようと考えるようになりました。

## ■「最初の一歩」はどのような「オンライン授業」だったのか ||||

### （1）従来の授業にオンラインの強みをプラスする

　本実践は、オンライン授業をするために、0から作ったものではなく、教室で行ったことのある実践に、オンラインの強みを加えて組み立てたものです。また、この実践記録は、「オンオン会」の派生グループである『模擬授業を楽しむ会』が主催し、全国の多くの学校が休校していた5月14日に、43名の教員（児童役ではなく、ありのままの学習者として参加）に向けて行った模擬授業です。オンライン授業を組み立てる上で、①オンライン授業の強みとは何か。②画面越しのために学習者の反応が見えにくい中、いかにしてやり取りを実現するか。③教室の授業と同じようにできないことは何か。という3点を重点的に考えました。この3点をどのようにクリアするかを考えることで、双方向型のオンライン授業の構造が明確になっていきました。

### （2）授業の記録

　画面共有機能を使って、以下の言葉を提示します。

<blockquote>Aドラえもん　Bサザエさん　Cしんちゃん　D曽根先生</blockquote>

　そして、「他の3つと共通しないものはどれでしょう。」と問いかけました。学習者はスタンプや図形を使って、画面上では以下のような反応を示しました。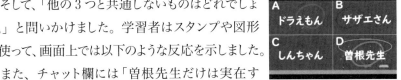

　また、チャット欄には「曽根先生だけは実在する。」「サザエさんは女性。」といった声が上げられました。画面で反応することとチャット欄で理由を説明することなど、学習者は思い思いの形で学習に参加していました。授業の導入段階であるので、操作に慣れることも重要な視点でした。また、アニメの登場人物の中に教師の名前を登場させるようなユーモアのあるやり取りを通して、表情が緩む学習者の様子を確認することができました。その表情から、バーチャル空間であっても、安心を与えるやりとりの大切さを強く感じました。同様にして、次の4つの言葉を提示しました。

このクイズの中で、前単元で重要なキーワードであった「富国強兵」の意味を改めて押さえることを目的としましたが、学習者は以下のように反応しています。

A学制
B徴兵令
C富国強兵
D地租改正

| 学習者ア：Cは法律じゃない？ | 学習者イ：Cはスローガン |
| --- | --- |
| 学習者ウ：イさん、すごい！！ | （チャット欄のやりとりを抜粋） |

　学習者同士の発言が他の学習者に理解を広げたことがチャット欄から伝わってきました。教師とのやりとりだけではなく、学習者同士のつぶやきも互いに確認し、双方向以上につながりが広がる姿が見られました。前単元で重要なキーワードであった「富国強兵」を押さえることができたので、「実際に『富国強兵』が実現されるのか」を深掘りしていくために右資料を提示し、どんなことがわかるかを問いました。学習者のチャット欄での反応は、

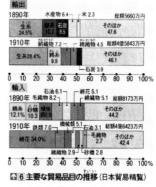

**⑥主要な貿易品目の推移**（日本貿易精覧）
東京書籍『新しい社会6歴史編
（令和2年版）』より

学習者エ：輸入で綿花ばっかりになっている！！
学習者オ：1890年→1910年で金額がめっちゃあがっている！
学習者カ：ほんとだ！輸入額激増！！
学習者キ：工業化の進展が輸出入から見て取れる。

　ここでも、教師の投げかけに対する複数の学習者の反応により、学習が方向づけられていきます。学習者の言葉を取り上げながら、指導言を紡いでいくことは、教室での学習スタイルと同様であり、授業構想段階で重点的に考えた「学習者とのやり取りをいかに実現するか。」に対する1つの解決策になったと実感しました。

　学習者から出された声から「貿易額が大幅に増えた20年間にどんな出来事があったのか。」という課題が浮き彫りになりました。そこで、ブレイクアウトルームを活用し、歴史上の出来事を4人組で調べることを求めました。オンライン学習では、インターネット通信環境が整っているので、躊躇なく

活用するように話しました。

> 学習者ク：1894年日清戦争1895年下関条約1904年日露戦争
>
> 学習者ケ：鉄を輸入したり、織物を輸出するようになったり、工業化
> が大きく進んでいる。…戦争のため？
>
> 学習者コ：関税自主権回復、日清戦争の賠償金で、紡績機械を買った。
>
> 学習者サ：富国強兵のための戦争か、戦争のために富国強兵と言ったか。

　この先の単元で重要となるキーワードが続々と出されます。大人の反応とは
いえ、通信環境が整っているオンライン授業は、探究的な学習スタイルとの
相性のよさが明らかになりました。この後の活動は、全体で共有された歴史
上の出来事の中から個人で関心をもったものを調べる時間にしました。

（3）この授業から見えたこと

　今回の実践を通して、明確になったことがあります。1つ目は、教室以上に
学習者の「つぶやき」が可視化されるということです。チャット欄や画面へのコ
メントを通して、学習者は自分の考えを表明できます。それも、同時多発的に
考えが飛び交う環境になるので、新たな対話的な学習スタイルと言えるのでは
ないでしょうか。3蜜を避けた授業づくりが必要なwithコロナの学校現場に
おいて、オンラインツールを取り入れていくことはとても大切な視点であると感じ
ます。2つ目は、互いに顔を見たり、ブレイクアウトルームで話したりすることは、
非同期の学習では感じられない安心を与えられるということです。笑顔や返事、
OKポーズなど、リアルな学校での当たり前ができなくなった子どもたちにとって、
画面越しでも人の表情や声に触れられることで「つながり」を実感することがで
きます。これまで書いてきたように、オンライン授業も、教室での授業と同じよ
うにできることが多いとわかりました。一方で、オンラインの環境に不慣れな子
どもたちにとって、常に顔を出していることや、反応を求められることは逃げ場
のない環境になってしまう恐れがあります。そういった面への配慮も、考えてい
く必要がありそうです。従来の授業から着想を得た「オンライン授業」により、
効果的に対話し、他者とのつながりを実感できる可能性を見出すことができま
した。少しでもその可能性を広げていけるよう、休校が明けてからは、勤務校
の環境の中でできることを模索し、社会科や学級活動で実践しているところです。

# 1人1人の特性に合わせた
# オンライン授業への模索

芳賀祐子（宮城県富谷市立富谷小学校）

## ■魔法の言葉が使えない……

　通級指導教室（以下、通級）は、毎時間、違う学年・子ども達が通級してきます。子ども達が来ると、私は「待ってたよ〜」と大きな声で、言うことにしています。ドアに隠れて覗く子、すぐに話を始める子など反応は様々です。保護者からは、「通級をとても楽しみにしています」「先生に会いに来ているようです」という言葉が聞かれます。1人1人をそのまま受け入れ、特性に応じた、しっかりしたつながりを作ることが必要不可欠です。ですから、指導の始まりは「待ってたよ〜」という言葉で「あなた1人を待っていた」という気持ちを伝えます。

　学校に行けなくなったA子さんは、通級で行った、得意なボードゲームを学級で披露し、友達にやり方を教えることで、居場所を見つけ、学校に行けるようになりました。通常学級で、ほとんど声を発しなかったB君は、「音読が上手くなりたい」という目標で通級を始め、学級の音読会の後、学級で話すことができるようになりました。A子さんもB君も通級でのつながりから、友達とつながり、学級へつながることができました。しかし、休校になったことで、魔法の言葉がつかえなくなり、「つながり」が最優先される子ども達とのつながりは途絶えてしまいました。

## ■子ども達とつながりたい、つながる方法はないのか

　休校が続く中、勤務校では教員1人に1台、児童用に2クラス分のタブレット、各教室には大型の電子黒板が整備されました。「ラインズeライブラリアドバンス*¹」でのプリント学習の配布が始まりました。教員は出勤と自宅勤務を交互に行い、職員会議や打ち合わせは、Zoomで行うことになりました。勤務校でのZoomが導入されると同時に、私は「オンオン会」の存在を知りました。そして、Zoomを使えば、子ども達とつながることができる、支援を再会できると考えました。そのためには、Zoomの機能を理解することが必須でした。

「オンオン会」での講座は、私にとって未知の世界でした。

＊顔がずっと写っている。見られているようでいないようで、見られている？

＊どこをどうすればその機能がつかえるの？

＊誰かと誰かが話しているけど、私はいつ話せばいいの？

　そんな思いの中、約2時間の講座に数回参加し、Zoomに慣れていきました。ところが、何度目かの講座を受けている時、私はついに1時間で具合いが悪くなり、勝手に退室してしまいました。受講する度に、強い緊張感と倦怠感を感じ、「オンオン会」の講座から離れることにしました。この離れていた期間は、退室の原因を考える機会となりました。

＊Zoomの操作がわからない自分がもどかしい。わからないことに対して諦めたり先延ばしにしようとしたりする時の気持ちと同じ。そこから逃げ出したいと思う気持ちが退室につながった。

＊長い時間、自分で自分を見ながら、さらにたくさんの知らない人を画面で見続けなければならない。終わるまで集中は続く。話す時間が見つけられず、参加しているのかいないのかが不安になる。人はたくさんいるのに、自分はいるようでいないような疎外感。楽しいと感じないと集中できない自分から逃げたい。

　この振り返りを文字にした時、私は今まで出会ってきた子ども達のことを思い出していました。通級では自然に会話ができる吃音のDさんは、自分の話し方を気にして友達の輪の中には入れず、1人読書をして過ごしていました。友達とのコミュケーションが上手くいかず不登校になったE君は、学校からの電話で、月1日だけ放課後に学校に行けるようになりましたが登校は続かず、カウンセリングも休むようになり、私は毎日の電話と週1回の葉書でつながろうとしました。それでも学校に行くことはできませんでした。私とのつながりを担任や友達へつなげてあげることが必要だったと気づきました。特別な支援を必要とする子ども達にこそ「変わらないつながり」を保証することが必要だったのです。その後、「オンオン会」の講座に戻った私は、目だけの参加、耳だけの参加、退室もできることを知り、特別な支援を要する子ども1人1人の

---

＊1　ラインズ株式会社が提供する学習支援サービス。詳細はHP（https://www.education.jp/）を参照のこと。

特性に合わせたオンライン授業をする上での留意事項を確認するようになりました。自分もいて皆と一緒に学習している。皆もいるが、自分を見ている人はいない。発言したければ、耳を傾けてくれるということに気づきました。また、「ブレイクアウトルーム」という機能は、個別指導から小集団へ、そして集団へという段階を簡単に移行できることにも気づきました。そして、オンライン授業に向けて「慣れること」「楽しむこと」から始めることにしました。

### ■通級指導教室でのオンライン授業への第一歩 ||||||||||||||

- ・児童も保護者も Zoom の操作や環境に慣れること
- ・時間は入室から退室まで10分。そのうち、活動や指導は5分
- ・ミュート、ビデオ、ブレイクアウトルームの活用
- ・児童からも保護者からも必ず、感想（振り返り）を聞く
- ・参加できる人から実施し、無理はしない

これを基本に1時間の授業の中に、Zoom での指導を入れました。保護者の理解を得、家庭での実施をスムーズにするため、保護者にも参加してもらいました。また、ロイロノート*2 も活用し、1人1人が自分の学びを楽しんでくれることを目

つながりサイン

指しました。時間は週1〜3回（各児童の通級時間は異なるため）。45分の授業の中に10分間だけ Zoom での指導を組み込みました。また、楽しさを

> テーマソング「ことばの教室始まるよ！」♪♪
>
> ことばの教室　はじまるよ　あいうえお〜
> 最初は切って　あ・い・う・え・お
> 今度は伸ばして　あ〜い〜う〜え〜お〜
> はじまるよ　はじまるよ　は〜じ〜ま〜る〜よ〜

感じられるように、「つながりサイン」を取り入れ、つながったことへの喜びを表現し合いました。さらに、テーマソング「ことばの教室始まるよ！」を自作し、授業の始めに取り入れ、期待感と授業への意欲につなげ、Zoom へ切り替えやすくしました。

➡ コンテンツ1　「Zoom でつながろう！」

ミーティング番号、パスワードの入力方法、ミュート、ビデオ、退室の操

---

*2　カードでの情報作成、資料の配布・提示・回収、共有等ができる授業支援アプリ。
　　詳しくは、ロイロノートスクールのHP（https://n.loilo.tv/ja/）を参照のこと。

作方法を覚えることが最初です。パスワードは「1129 1129」です。ここでニヤリとします。つながったら手の平を額に当てて「つながり〜〜〜」と喜び合う「つながりサイン」。固まってやらない子もいましたが、退出したり開いたりを繰り返します。繰り返し丁寧に練習することで安心感と自信を与えます。

▶ コンテンツ2　「これは何？　クイズ」

　保護者と協力して Zoom を開き、画面に写った物を当てます。子どもが、答えを言う時に発音指導、語彙拡充指導、会話の練習に結び付けました。すると、自分から担当に向けてクイズを出す子が出てきました。

▶ コンテンツ3「ロイロノートを開こう」

　Zoom をつないだままロイロノートを開き、自己紹介クイズに挑戦します。答えを自分で書き込み提出します。他の機能を勝手に触り出す子、画面の前でずっと動いている子等が出てきました。学校のことを決して話さない ASD のFさんが「学校で習ったよ」と写真を撮って担当に送るという機能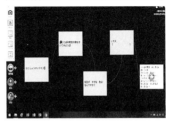を使い始めました。「絵本を読んで」と言う子も出てきて、絵本を使って、数を正確に答える課題を取り入れることとなりました。

▶ コンテンツ4　「絵カードで考えよう」

　絵カードを使い、絵の中の物を単語で言ったり、絵の説明をしたり、絵の様子から熟語を当てたりしました。ADHD のGさんも ASD のHさんも、対面の時より、集中して課題に取り組むことができました。

▶ コンテンツ5　「パチパチゲームでつながろう」

　3クラスに通級する子ども達を Zoom で集合させ、ロイロノートで「パチパチゲーム」をしました。拍手を2回したらお題の答えを言います。それを次々に回していきます。小声の子の声もはっきり聞こえて笑顔が絶えませんでした。

　Zoom に慣れ、自宅でスムーズにつながるためには、個別の配慮はまだまだ必要です。子ども達とのつながりを切らさず学びを続けられるようなオンライン授業を考えています。

# 制限があってもあきらめずに 「つながり」づくり

岩田慶子（兵庫県神戸市立多聞東中学校）

## ■うらやましがっていても仕方ない！

　私の勤めている神戸市立の中学校では、次の４つが、休校中の生徒へのアプローチとして許可されていました。

> （1）教師が、生徒の家に足を運んで「ポスト・イン」（対面は原則不可）
>
> （2）「レターパック」で課題、学年だよりなどを郵送
>
> （3）生徒１人ひとりへの電話連絡
>
> （4）YouTube 限定公開動画を作成してアップロードすること

　オンライン・ツールを使って子どもたちとつながり、やりとりをされている先生方の話を聞くと、うらやましさばかりが募りました。でも、そうしていても何も始まりません。この４つのツールを使って、生徒との「つながり」をいかに作るか。そこに着目し、実行しました。

## ■工夫すれば、「つながる」！

### （1）ポスト・インする紙に手書きのぬくもりを

　休校中に、担任教師が生徒１人ひとりの「住居確認」に行くことになりました。「住居確認に来ました（担任名）」と印刷された紙を、それぞれのポストに入れます。「この紙を、も

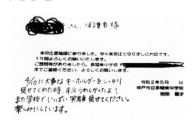

らってうれしいものにするには？」と考えて、１人ひとりにその子への手書きのメッセージを添えました。学校再開後、「先生、手紙ありがとう！」の声に、うれしくなりました。

### （2）紙の課題に「やりとり」、「つながり」を

　皆さんの学校では、どのような課題を出されましたか。あるいは、皆さんのお子さんは、どのような課題を受け取られましたか。私は英語科

なのですが、次のような「生徒へのメッセージ」をいくつも載せ、それを読んで生徒が返信を書く相手を選ぶ、というものにしました。

① ALT の Charlotte（シャーロット）先生より

Recently, I can't see my friends very often. I have to stay home. So, I play Animal Crossing（どうぶつの森）on the Switch a lot. Do you like this game? It's very relaxing. I can play with friends when we're far apart. We catch fish together and run away from bees. I like decorating my house.

②同じように休校中の、オーストラリアの中学生より

　　はじめまして、ぼくはネイサンです。十四さいです。たんじょびは三月二十一日です。しゅみはドロオイング（drawing）とにんてんどビデオゲームです。一ばんすきなビデオゲームはポケットモンスタアです。ぼくはとりが一匹います。ありがとうございます、さようなら。

Thanks, -Nathan

ねらいは、３つありました。主語はいずれも「子どもたちが」です。

・メッセージから自己選択し、書く内容を自己決定して自律的に学習すること

・人が書いたものを読んでから自分のことを英語で書くという過程をたどることによって、「やりとり」に必要な言葉を選ぶことができること

・今の自分の状況、趣味や好きなことを振り返り、それについて自己表現することができること

（３）　１人ひとりとの電話で話したことを「つなげる」

　　もちろんプライベートなことは書けませんが、よく工夫した過ごし方をしている生徒のことを紹介するとよい刺激になるのではと思い、何例

か学年だよりに載せました。

　休校中に欠落するもので一番大きいものは、仲の良い者以外からの刺激だと考えます。それを埋める手立てが「だより」であると考えました。

## （4）授業動画は「見といてね」で済ませない！

　多くの教育動画が溢れる昨今で、子どもたちが「見たい、見なきゃ」と思えるものは何でしょうか。私は、次の3要素が大事だと考えました。

・子どもたちにとって親しみのある人物（今回はALT）が登場し、英語を話していること（あんなふうにしゃべりたいという憧れをもたせる。）

・自分に問いかけられる場面があり、自然に思考させられること

・思考したことを、ワークシートに自己表現できること

　つまり、紙の課題も動画課題も、学校再開後に提出するものにしたのです。その結果は……、ご想像がつくでしょうか。

学年だより

## ■うれしい悲鳴……ひたすらフィードバックする日々||||||||||

　学校再開後、私のデスクはこの写真のように、生徒の書いた英作文ワークシートで埋もれることになりました（苦笑）。しかし、うれしい悲鳴です。ハンコを押して返すだけではない、「やりとり」「つながり」の喜びを味わっています。願わくば、休校中にも英作文を集めることができるシステムが、今後は欲しいです……生徒へのフィードバックを早くするために

も、我々の「働き方改革」のためにも。

　生徒の英作文を紹介します。創造的な生活の工夫が見られます。


・I started practicing the bass.　It's fun to start something new. Have you started something?
・I ran 1000 meters in the park. It took 3 minutes and a second. I got my own best. I was very happy
・I think it is important for us to think about what to do when some people die from the new corona virus.


　生徒の振り返りも紹介します。

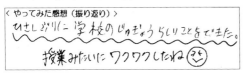

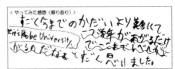

　動画で問いかけをし、やりとりの要素を入れることで、双方向性をもたせることができました。そのことが、生徒にも伝わったようです。

　次の学年で習う内容を先取りすると、生徒は難易度が上がったことを敏感に感じ取ります。今後も休校措置があった場合、習う内容の「先取り」をどのように指導するのかが鍵になります。


## ■おわりに―学校とは、何をするところか

　この生徒の日記を読んでみてください。ここに、「学校」のよさが凝縮されています。学校に来ても来られなくても、この「いつもの仲良しだけではない、多種多様な人とのつ

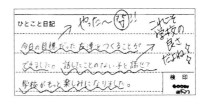

ながり」ができる機会、それを可能にするのがオンラインです。私は、今できることに全力を尽くしながらも、今できない双方向でのオンライン化の推進を、強く希望します。

# 「オンライン授業っぽく遊んでみる会」の実践記録

守　康幸（宮城教育大学附属中学校）

　勤務校で実施した職員研修「オンライン授業っぽく遊んでみる会（以下、遊ぶ会）」は、これまで計2回実施しました。

　企画に当たっては、コンセプトを「遊びながら、ゆる～い職員研修」とし、以下のことを柱にしました。

①オンラインの授業ツールを使って遊びながら、授業者・学習者双方の立場で利用体験をすること。②教科や領域に縛られない授業づくり体験を通して、教員の動機付けを図ること。③授業リフレクションの手法を使って、授業者・学習者の「気付き」を教育活動に活用する方法を体験すること。

　本稿では、「遊ぶ会」実施の経緯とその後の変化について報告します。

## ■「遊ぶ会」の構想～年度当初の空気感 ||||||||||||||||||||||||||||

　私の勤務校は国立大学の附属中学校です。公立学校と違い教育委員会からの指示がないため、諸課題について自分たちで判断し解決しなければならない場合があります。休校期間中、会議で話題に上がったいわゆる「オンライン授業」の活用も同様でした。その時は、実現に向けた計画に踏み出すわけでもなく、逆に「無理だろう」という空気が漂っていたのを覚えています。しかし、勤務校では授業でICTを活用する機会も多く、幸いにも「オンライン授業」の実現に向けた土台は比較的でき上がっていました。在校生にはすでにアカウントを割り当てていたので、システム的にも実現は可能でした。この時の停滞感は、多くの教員が、「オンライン授業」実現の可否を判断できるほどの経験や情報がなく、活用するイメージがわかないことからくるものだったのだろうと思います。

オンライン授業への対応を判断するには、できるだけ多くの教員が何らかの使用体験をすることが必要でした。そこで、まずは大学の協力を得て「Google Meet」*1の研修会を実施しました。この会を通して、まずは健康観察や生徒とのコミュニケーションの手段として活用を始めることとし、生徒の使用状況の実態把握と同時進行のため、段階的に活用の幅を広げていくことが決まりました。

一方で、教科の授業に活用しようという動きはなかなか出てきませんでした。同僚と研修の方向性を話し合う中で、1つの懸念材料が挙がりました。それは、普段から授業づくりにこだわりをもって取り組む教員が多いがゆえに、授業技術や、オンライン授業の質的な部分だけに焦点が当たってしまい、負担感や拒否感などが増幅されて、可能性とは違った議論になるのではないかという、附属学校ならではの難しさでした。実際に、説明とツールの使用体験だけではなかなか授業イメージにはつながらず、逆に難しいという印象をもった教員も多かったと思います。

## ■なぜ研修が「遊ぶ会」になったのか ||||||||||||||||||||||||||||||

研究部主催の「教員研修」となるとハードルが高く、方向性を模索するには気軽で実験的な方が取り組みやすいのではないか、ということで、担当ではない私が自主的な形でひとまず企画してみることにしました。

企画に当たって、私は『理想の授業づくり』(上條、2017)*2に紹介された「学びのしかけ」の要素を取り入れることを思いつき、この指とまれ方式で実験的にやってみることにしました。教科の内容ではなく、あえて「自分の好きなこと」を、オンラインツールを使って「授業っぽく」仕立ててみんなで体験し、それを振り返ろうという試みです。

ここでは、研修よりも「遊ぶ」という要素を前面に出すことにこだわりました。①取り組むまでのハードルを下げること。②教科の固定概念から離れることで、オンライン活用の特徴を発見できそうだということ、③遊びにすることで、「教える－教えられる」の関係ではなく、みんな

---

*1　Google が提供している無料のビデオ会議ツール。
　　https://gsuite.google.co.jp/intl/ja/products/meet/
*2　上條晴夫『理想の授業づくり』ナカニシヤ出版、2017年。

で可能性を発見する共同体が立ち上がるのではないかという期待―そういったことから、教員の思考が「遊び」から本質的なところにシフトチェンジするための橋渡しができるのではないかと考えたのです。

　教職員に開催のお知らせをしたのが4月下旬。すぐに「やってみてもいいかな」と名乗りを上げてくれたのが3名の先生でした。それぞれ「自分の好きなこと」をテーマに5分程度の短い動画を作り、それらを比較して振り返ることにしました。

> ①おいしいコーヒーのいれ方
> ②ジャイアント馬場とアントニオ猪木のドロップキックの違い
> ③コンコーネを歌おうね

　見事に、三者三様のテイストの違うものができ上がりました。先に動画を見た私は、率直に「面白い！」と感じました。さらに、計画に関わってくれた何人かの同僚の意見も得て、何となくの手応えをつかむことができました。これを職員で共有しながら、動画教材や「オンライン授業」の特徴を発見できる会にしたいと思ったのです。そこで、取り入れることにしたのがオンオン会で体験した「箇条書きリフレクション」（60頁参照）です。その内容を抜粋します。

> ・やってみないとわからないことが多い。不完全でOKの前提で、もう動きたい。やるリスクよりメリットの方が大きい。
> ・「面白い」から始まり「これならやれそう」が見つかる。その中で「楽に」「遊びながら」という感覚を大切にしたいと思った。
> ・「学校での授業」「家庭学習」という枠組みを外して、学習の場をどう設定するのか、その仕掛け作り、という見方が必要だと思った。

■実施後の変化 ‖‖‖‖‖‖‖‖‖‖‖‖‖‖‖‖‖‖‖‖‖‖‖‖‖‖‖‖‖‖‖‖‖‖‖‖‖‖‖‖‖

　「遊ぶ会」を通して、教員の「やってみようかな」という動きが加速したように感じています。前述した「附属学校ならではの難しさ」とい

う壁を、少し打破できたのかもしれません。そして、管理職も私たち教諭や講師と同じフラットな立場で参加してもらえたことで、変化の輪が今も少しずつ広がりつつあるのではないかと感じています。

　実際に1回目の2日後、今度は美術の教員が「ちょっとやってみるわ。」と、Zoomを使った「対話型鑑賞」をやってくれました。18名の参加者を、「授業者と対話するグループ」と、「それを見ながらチャットで気付きを書き込むグループ」に分けて、同時進行で映像作品の鑑賞をしました。以下がその時の箇条書きリフレクションの抜粋です。

・教室で密になれない以上、こういったチャレンジはどんどんやってみるべきだと思った。

・対話とチャットの両方を使った時は、話しながらコメントを読んで考えの変化が生まれた。教室の話合いとはまた違った感覚だった。

・しゃべることだけじゃなくて、チャットを使えるのは、話しにくい人も短い言葉で思いを伝えられるんじゃないかな。

「チャットと音声のハイブリッド」というところをピックアップしましたが、1回目のリフレクションよりも記述が倍増しました。特に、授業者の「意外にも、教室でファシリテーションしている感じと大差がなかった。」という気付きが印象的です。

　このように、「オンライン授業」という、初めての者にとっては「得体の知れないもの」に対してちょっとずつ楽しみながら向き合っていくことで、私たちが本来やりたい「理想の授業づくり」につながっていくのだろうと思います。まだ、変化の途中です。本格運用までにはまだ解決すべき課題もあります。

　6月から授業が再開し、にぎやかな学校が息を吹き返したようです。しかし、また第2波、第3波がやってくるかも知れません。もしもの時に、オンライン活用によって教育の営みを止めないための方策を、今後も「遊び」を大切にしながら歩みを止めずに探っていきたいと思います。

# 「ケア」の視点を取り入れた「オンライン学校」の試み

藤原友和（北海道函館市立万年橋小学校）

## ■「オンライン学校のいちにち」とは何か ||||||||||||||||||||||||

　全国の学校が一斉に休校になりました。今持っている機材とノウハウで試しにやってみたらどんなことができるのだろうと考えて企画したのが「オンライン学校のいちにち」というオンライン上のイベント

**オンライン学校のいちにち**
"教室"をうちでつくるとしたら、どんな感じなんだろう

- ◎ 日　時：令和2年5月吉日　10:00~14:10
- ◎ 担任の先生：藤原友和
- ◎ 副担任の先生：木村知佐子
- ◎ やること：朝の会〜帰りの会の「オンライン学校」のシミュレーション
- ◎ 参加費：無料
- ◎ 定員：20名
- ◎ 主催：オンライン授業をオンラインで学ぶ会

です。このイベントの特徴は以下の通りです。

①朝の会・帰りの会を含んでいること
②「学習課題」は表現活動を基盤としていること
③「学級通信」「事前メッセンジャーグループ」で「仮想コミュニティ」を作ったこと
④「授業者」と「技術スタッフ」の複数体制で進めたこと

　このイベントを実施してみて、これらは、実際に学校自体の機能（授業、校内研究、教員研修等）をオンライン上に移していこうとする時にも有効なのではないかという手応えを感じています。

## ■「オンライン学校のいちにち」のデザイン ||||||||||||||||||||||||

（1）「時間割」をつくる

　「いちにち」を意識して企画を立てていきました。校舎や教室、チャイムという物理的な装置がない在宅の「学校」です。45分単位を6回繰り返すような枠組みでは学習者は疲弊してしまいます。そこで、前述の「表現活動を基盤とした課題」を中心に、「創作の午前」「共有の午後」というように、大きく2つのコマでデザインしようと考えました。

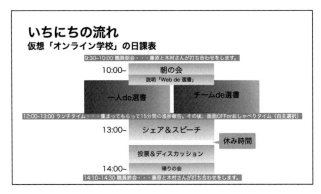

（2）「学習課題」をつくる

　学習課題は「Web de 選書」です。以下、進め方です。

　①「友達に紹介したい本」を Web 上で 5 冊選ぶ

　②スライド 1 枚に「ポスター」としてまとめる

　③ 3 分間のスピーチを行う

　④ Google フォーム[*1]で投票し、優勝者を決める

　①と②が午前中の活動、③と④が午後の活動です。午前の活動は「1
人で進める」ことと「協働で進める」
ことを選べるようにしました。また、
協働で進める際には、学習者が選書し
たい本のジャンルでグループ分けを行
いました。グループは「フィクショ
ン」「ノンフィクション」「自己啓発・
ビジネス」「漫画」の 4 ジャンルです。

（3）表現の「プラットフォーム」をつくる

　この「Web de 選書」をポスターとして表現する場として選んだのが
「Google スライド」[*2]です。ブラウザ上のプレゼンテーションソフトで
あり、オンラインで複数のメンバーによる共同編集が可能です。学習活
動は「Zoom」の「ブレイクアウトルーム」を活用し、グループごとの
小部屋に分かれて編集作業を行いました。

---

＊1　オンラインで出欠確認、アンケートの作成等が出来る無料ソフト。
　　https://www.google.com/intl/ja_jp/forms/about/
＊2　https://www.google.com/intl/ja_jp/slides/about/

（４）「っぽさ」を演出する〜短学活・学級通信〜

　実際の学校は「勉強させる仕組み」だけで成り立っているわけではありません。「学校っぽさ」の大事な要素が「ケア」の視点です。「同期」によるケアの場がこうした「朝の会・帰りの会」であるとするならば、「非同期」の場が「学級通信」です。「オンライン学校のいちにち」が楽しく学び合える場になるように、また事後も良好な

コミュニケーションが行われるように、事前の連絡用としてFacebookに「messenger group」を作り、そこに学級通信を送りました。

（５）リフレクションの「プラットフォーム」をつくる

　オンライン学習では「自分でやってみて、振り返りながら」進める探究的な学びを進めやすいです。そうした学びを支援するために、リフレクションを行うための呼びかけを「messenger group」上で行いました。箇条書きのリフレクションを投稿することをお願いしたのです。

　「箇条書きリフレクション」とは、上條晴夫さんが提唱する簡単な「リフレクション」の方法（60頁参照）です。「とにかくやってみた気づきを箇条書きする」「『読者共同体』をちょっとだけ意識する」というポイントがあり、「自己リフレクションがしやすい」という利点をもっています。

①オンライン学校にできること、オンライン学校にできないこと、オンライン学校にしかできないこと、リアル学校でしかできないことってなんだ？

②生徒が求めていること、教師がやりたいことって、なんだ？　後者

③藤原さんはオンライン学校を「実験」「遊び」といった。そこを勘
　違いしちゃいけない。自分のクラスがあるときに、あれを、この時
　期にそのままやらないということだ。受け手の力量というか、受け
　手の細やかさが問われている。見るべきはクラスの子。学校の子。
　キラキラを目指してはいけない。

（参加者の「箇条書きリフレクション」から抜粋）

## ■「オンライン学校のいちにち」当日の出来事 ||||||||||||||||||

当日はハプニングの連続でした。

①「遅刻・早退・欠席・中抜け」が続出した

②「選択できる」ことで偏りが出た

「非常事態宣言」の延長が決まったのが企画の2日前でした。そこで、
「可能な時間帯に参加する」ことにしました。情報共有は事前の学級通
信で行います。また、「Web de 選書」のスライドは、個人制作か共同
制作か選べるようにしました。その結果、グループごとに人数の偏りが
生じたり、機器の不都合さ（PCとスマホの混在）が出たりしました。
学習者と対話しながら授業を進行する「授業者」と、Zoom の機能を操
作する「技術スタッフ」を分けていたため、授業者はこうしたハプニン
グ対応に専念することができました。

## ■ 「オンライン学校のいちにち」を終えて ||||||||||||||||||

　様々な可能性を含む「オンライン学校のいちにち」でした。改善の余
地はまだまだあります。例えばオンライン授業は、もしかしたら従来の
学校の授業のように、細かく時間割を分けて、小さな学びを積み上げて
いくようなスタイルとは相性が悪いかもしれません。しかし、オンライ
ンの場には、「コンピテンシー・ベース」の学力を育むための、こうし
た「表現活動をベースにした協働的な学び」を取り入れやすいようにも
感じました。

# 参加者の関与度を高めた オンラインフィールドワークの取り組み

上條廣大（長野県松本市立芳川小学校）

　今年（2020年）の4月から、教員研修のための手段として、オンラインフィールドワークという取り組みを試行しています。フィールドワークをオンラインで行うことのメリットは、①移動やそれにかかる準備の時間がかからない、②落ち着いた環境でメモを取ったり気づきを共有したりできる、③リモート学習のようにそれぞれが別々の場所にいても実施できる、など多くあります。一方で、本来のフィールドワークでは、参加者が学習の対象に直接はたらきかけ、対象からフィードバックを得ることで学んでいきます。そのため、オンラインフィールドワークでは、画面の向こうにあって直接触れることのできない対象へ、参加者が関与できることが重要です。私たちは、以下のような方法で、参加者が対象への関与度を高められるように取り組んできました。

## ■オンラインフィールドワークを構想したきっかけ||||||||||||

　もとになったのは、2000年の沖縄サミットに合わせて実施された「アイランド・クエスト in 沖縄 & 屋久島」という教育プログラムです。これに、即時性と双方向性を盛り込んだのが、オンラインフィールドワークです。アイランド・クエストが実施された当時は、情報のやり取りはHP での告知や BBS、E メールなどに限られていました。それが現在では、ライブ配信を行い、自分の見ている景色や聞いている音を、他の人と即座に共有できます。また、投稿へのコメントや「いいね」機能などを使って、双方向にやり取りできるようにもなっています。20年間の通信インフラの整備や技術の進展を盛り込んだら、どんな活動ができるだろうか、と考えたのが始まりでした。

　現在よく行われているライブ配信は、配信者が自分の伝えたい情報を参加者に向けて発信するというフレーム（枠組み）です。配信者はカメラを持って周囲の状況に配慮しながら、参加者に向けて自分が伝えたいものごとを撮影し、参加者に伝えます。参加者は配信者からの映像や音声を視聴し、文字でコメントを投稿するなどして配信者と関わります。

　対してオンラインフィールドワークでは、配信者の行動を参加者が決定します。配信者は参加者の決定に即座に従い、参加者の見たいもの、触れたいものにアプローチし、映像や言葉を伝えます。（下図）

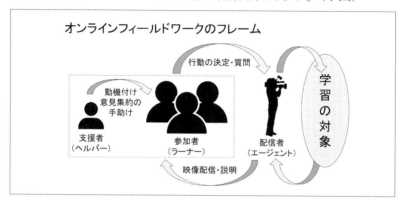

　5月17日に上海の新天地という街を舞台に行った1時間のオンラインフィールドワークでは、冒頭に当日の天気に関する三択クイズを行いました。参加者は、クイズに対して数字だけで簡単に自分の意思を表すことができます。これにより、コメントを投稿することへの抵抗感が下がり、多くのコメントが出されるようになりました。クイズの答えとともに気温や服装の情報が伝えられると、参加者は「暑いですね！」「半袖がちょうどいい陽気ですね」など、臨場感が高まっている様子でした。クイズに続いて街の歴史についての説明があり、配信者は参加者に向けて積極的にコメントを投稿するよう語りかけました。その後、石畳の通りを歩き始めると、参加者から「このお店のビールがおいしいんです」

「思ったよりも観光客の方が多いですね」などのつぶやきが出されました。配信者はその声に相づちを打ちながら、歩いていきました。

■参加者のコメントを引き出す工夫 ||||||||||||||||||||||||||||||

　この回の実施にあたって配信者は、ゆっくり歩くことと、無言の時間をとることの2点を心がけました。これには"配信者からの情報量を調節する"という意図があります。配信者からの情報が多すぎると、参加者は情報を受け止めるばかりになってしまい、発信する機会が少なくなってしまいます。さらに、参加者の投稿したコメントが配信者に届くまでの時差（15秒程度）を吸収する、時間的なゆとりも生まれます。

　また、配信者が立ち止まると、視点が固定され、参加者は「よく見ると中華料理の看板がありますね」「マスクを無しの人も多いなあ」など、画面の細かいところに気付くようになります。

　マスクのつぶやきに対して、配信者は「すごく暑いんです。でも、マスクをしていないように見える人も、必ずマスクは持っているんですよ」と返し、参加者と配信者の間で相互のやり取りが生まれました。

　参加者への情報を調整することで、参加者がコメントしやすくなり、フィールドワークのメンバー間の関わりも増えてきました。

■参加者の関与度を高める工夫 ||||||||||||||||||||||||||||||||||||||||

　30分ほど歩き、通りの半分くらいまで来たところで、参加者の話し合いが行われました。ここでは、今まで見えたものや事前に調べてきたことをもとにして後半の活動をどうするか話し合います。最終的には、投票によって後半の活動を決定します。事前にコーディネートされた内容に沿って進めるのではなく、集まった参加者がその場で感じたことをもとに話し合い、行動を決定するという工夫により、参加者は学習の対象に対して受け身ではなく、積極的に関与できるようになります。

　「夏用のグッドデザインなマスクを探したい」「スタバでご当地グッズが見たい」「メインストリートから外れて路地裏を探検したい」などの

提案が出されます。中には他の参加者が各自で調べられるように、ネットにある観光ガイドの URL を投稿する参加者もいました。

　投票の結果、後半の活動は「猫の銅像があるお店でビールを飲む」に決定しました。この提案をした参加者は、冒頭部分で見かけたビールが飲める店についての興味をふくらませ、話し合いで提案しました。それが多くの参加者の共感を集めて、実際の行動に反映されました。話し合いから投票まではわずか 7 分間でしたが、決定後には他の提案に投票した参加者も「楽しみです」「ドキドキしてきました」など、期待しながら後半の活動に参加していました。

　参加者が行動を決定することに加えて、先に挙げた参加者と配信者との相互のやり取りも、参加者が配信者を通じて学習の対象への関与度を高める場面であると考えています。

## ■ 思わぬ出会いを楽しむ ||||||||||||||||||||||||||||||||||||||||||

　ビールをテラス席で飲むことになり、たまたま座った隣のテーブルに、0 歳の女の子づれの親子がいました。赤ちゃんの可愛らしい仕草が映ったり、配信者がお父さんと乾杯し英語での会話が弾んだりすると「赤ちゃんかわいい！」「こういうリアルなコミュニケーションが楽しい」「バーチャルで国際交流までできて楽しかったです！」というコメントが寄せられました。また、フィールドワーク終了後には、参加者から「隣で見ていた娘も私も、上海に行ってみたくなりました」「ゆっくりと散歩している気分で観ていました」「代わりに体験するって面白いですね」「臨場感があって楽しかったです」「隊長（配信者）をリモートコントロールって楽しい」など、学習の対象への関与度が高まったことを楽しむコメントや「興味深い、これを授業で使ってみたい！」「英語の授業でもぜひ取り入れたいです」など、学校現場での活用について考えるコメントも寄せられました。今後も工夫を重ねて、参加者が学習の対象に積極的に関わっていくことで、充実した学びのあるオンラインフィールドワークの場づくりを進めていきたいと思います。

# 「初心者にやさしいオンライン授業」とは？

司会：上條晴夫

参加者：藤原友和、守康幸、岩田慶子、曽根義人

## ◆ これから始める時に大切なものは？

上條　まず、オンライン授業をこれから始める時に一番大事なことを、皆さんそれぞれに聞きます。その後に、挙げていただいた一番大事なことを実現するために何が必要かを話していただきたいと思います。皆さんの状況をふまえて、具体的にお話しください。

曽根　私からいいですか。初心者に優しいオンライン授業で大事なのは**「伴走者」**だと考えます。私は、周りからどう思われるんだろうというのをすごく気にしてしまうところがあって、オンラインではなかなか話ができなかったんです。けれども、こうやって皆さんと会う中で、いろんな方法を教えてもらったり、私の話を受容してもらったりしていく中で、自信がついていったんです。だから、私が職場でZoomを広めようとした時、先生方の不安な様子を理解することができたので「私が隣で一緒にやりますから、一緒にやりませんか」と言ってスタートしました。そうすることで、先生方も少しずつ、こういうもんなんだなってわかってもらえたと思っています。初めての方の気持ちに共感することが大事だということで、伴走者にしました。

上條　Zoomとかオンラインは「おっかないもの」だっていうのがベースにあるのかな。それは曽根先生にもあったということですか？

曽根　そうですね。

上條　なるほど、わかりました。それは私にもあったなあと思います。そんな時に、ちょっと優しくしてもらえると「この人、いい人だな」と思ったりしますよね。「伴走者」ですね。

藤原　じゃあ、ちょっと近いなと思ったので私から。**「ゆるさ」**です。

コロナへの緊急対応的な側面があった「オンライン学校のいちにち[*1]」という企画は、準備万端整えてからっていうわけじゃありませんでした。だから、とりあえず始めてみて、失敗も込みで動いていくしかなかったんです。そのためには、1個1個が全部きちっとしていなくてもいいかなって思うことが大事だと考えました。

上條　「ゆるさ」というのは、きっちりした授業ではなくてもいいということですか？

藤原　授業としては、これまでと同じように学力を付けることを目指すのですが、準備したものを「100% 機能させきる」と気負わなくてもいいのではないか、準備した通りの道具の使い方や進め方でなくてもいいんじゃないか、ということです。

上條　「ゆるさ」が大切だということですね。小学校の先生がお二人続きましたので、中学校のお二人にも聞いてみましょう。

守　私は「**怖さを取り除く**」です。今、お二人が言われた「伴走者」とか「ゆるさ」っていうのにすごく共感していて、やったことのないことをやるって、すごく怖いんですよね。私自身もそうですし、周りの様子を見ても、やっぱり怖さから回避してしまったりとか、失敗しないようにやってしまおう、ということがありますので、怖さを取り除くっていうことが、初めてのものにトライする時は大事な気がしています。

上條　「怖さを取り除く」ですね。それでは岩田さん、お願いします。

岩田　**「できることから」**です。これまでの話と重なってくるんですけど、私の職場でのオンライン授業のイメージは「有名な塾講師がやっていること」というのが強かったんです。

上條　塾講師？

岩田　「今でしょ」の林修先生のような方が、自分の授業を全国に発信する、というイメージをもっている人が多かったんです。でも、生徒は休校中に誰を見ると安心するかというと、有名な人じゃなくて、自分の学校の知っている先生です。すごいことをやらなくてもいいと思うんです。顔を出さない方法もあるし、声すら出さなくてもメッセージは伝え

＊1　詳細は、42〜45頁の藤原友和実践原稿を参照のこと。

られます。手書きのもの
を見せるとか、字幕を入
れるとか、音楽で伝える
とか、いろいろな伝え方
があります。みんな顔を
出してバリバリにすごい
授業をしなくていいんだ

ということを、職場では伝えました。

### ◆具体的に必要なものは？

上條　次に、もう一歩先に行きたいと思うのですが、具体的には何が必要だと考えるのか、学校現場や、社会全体の状況としてどんなことが必要になるのか。これについてどうお考えになりますか？

藤原　「ゆるさ」というのは何でもかんでも許容しようということではなくて、ある程度の**セーフティーネット**が必要だと思います。この座談会は Zoom でやっていますけど、Zoom で不具合が生じた時のために Google Meet を用意しておくとか、授業であればその日は動画をあきらめて「プリントを届けます」に潔く切り替えるとかっていうのが必要だと思うんですよね。第２、第３の手段があればいいんだろうなと思います。

上條　セーフティーネットの要素は他にもありますか？

藤原　「**人・システム・相互了承**」の３つだと考えています。「人」というのは伴走者にもつながります。僕が定期的にやっているオンラインイベントでは、テクニカルスタッフで木村さんという ICT に詳しい方がいてくださいますし、始めたばかりの頃は、参加者の中で Zoom にちょっと詳しい人が「こうしたらいいですよ」ってアドバイスをくれたりしていたんです。このように、人がセーフティーネットになるってことです。次に「システム」というのは、先ほど話したように、授業を届けるためのシステムに二の矢三の矢があればいいなということです。最

後の「相互了承」については「まあ、うまくいかないよね」って参加者も主催者も、ある程度のところで言える、どこかで「まあしょうがない」って言える、そういう関係があればいいなって思っています。

上條　相互了承は、学習者と先生との間での合意ということですか？

藤原　そうです。以前 Zoom が「世界同時不調」になった夜に、たまたまイベントをしていたんです。それが急にできなくなってしまって。仕方がないので Facebook で来週に延期するという第2の手を打ったところ、参加者も納得してくれて、クレームなどは受けませんでした。むしろ「誠実に対応してくれてありがとうございます」と感謝されたくらいです。

上條　了承をとりながらやることが必要だということですね。

藤原　そうですね。私の場合は「もう了承をとれている関係の人」が集まっているということもあったのかもしれません。

上條　オンラインで授業をしていく場合に、このようなことになることもありますという了承をとるということですね。

藤原　軌道に乗るまでは、保護者との間でお互いに「この不具合にはこう対処したいと思います」「うちではこうしてみたいと思います」のようなやり取りをする必要はあるだろうなと思っています。

上條　大学の学生たちも Zoom でフリーズしたり落ちちゃったりする場合があるのですが、それを2回3回と経験すると「あるよね」って思えるようになる。そういった了承がとれると、だいぶ楽になりますよね。これ以外に必要だと思うものがあったら、取り上げていただいたり、または他の方のお話に絡んでください。

岩田　私は「楽しさ」が必要だと思います。初心者の人は、自分自身がまず学習者としてオンライン授業に参加してみたら、楽しさがわかるんじゃないかなと思います。学習者としての経験がないままで教える側になってしまうと、どういうことが楽しいのかわかりにくいし、普段の授業でやっていることをそのままオンラインでもやるっていうイメージしかわかないのではないでしょうか。以前、「学習者として Zoom で授業

を受けてみましょう」と、職場の同僚に声をかけて受けてもらったんです。そうすると、もう私がびっくりするぐらい質問に手を挙げて応えていたり、画面の向こうの人とやりとりしたりしていて、「なんや、ハードル低いやん」と思ったんです。その先生はその後、生徒会の紹介動画などを制作してアップするようになったので、「効果があったな」と思います。

上條　授業者になる前に、学習者として楽しさを知ることが大事だということですね。

曽根　楽しさと関わってくると思うのですが、私は**「もうちょっとやりたい」**という気持ちになることが大切だと思います。オンライン授業を受ける側もする側もなんですけど、長い時間やりすぎて、それに疲れてしまうことを心配しています。私の勤務校で休校中に試したオンライン学級活動は15分ずつだったのですが、子どもたちが「ああ、久しぶりに会えたのにもう終わっちゃう」「少し慣れてきたところで終わっちゃう」という様子で、うれしさの中にも寂しさがあるのが伝わってきたんです。満足し切らないことが、次の原動力になるのかなと思っています。

上條　なるほど。それは子どもだけでなく、先生方にも言えそうですね。

曽根　そうですね。先生方も初めての時はやっぱり緊張しますが、2回目になると慣れてきて楽しくなっているという姿を目の当たりにしたんです。当初から定期的にやるとなると辛かったと思うのですが、オンラインで試してみるのが目的だったので、同僚の先生方は「オンラインのやり方に少し慣れたね」とか「子ども達が楽しそうにしてたね」「子ども達は名残惜しそうだったね」みたいな実感をもてました。初めての試みが、いい体験で終わるっていうのはすごく大事だったと思います。

藤原　それにすごく賛成と言いますか、共感します。長いと辛いですよね。辛さの方が先にきて疲れますし。オンラインのイベントを始めたばかりの時、最初は Zoom の40分の無料枠の中でやっていて、もうちょっとやりたいなと思った僕が、お金を払って1時間の枠を組んだんです。でもそれだとようやく盛り上がったところで終わるなあと思って、今は

90分で回しています。どのぐらいの時間でどのぐらいのことができるのかということを、じわりじわりと確かめていったのですが、これが最初から2時間だったとしたら、きっと僕はもう辛くてやっていないと思うんですよね。

守　確かに短いって大事かもしれないですね。教員の発想だと、授業をまず50分なり45分の時間で組んじゃうんですよね。それが怖さや、ハードルの高さにつながっていると思うんです。だけど、短くてもいいんだとか、ゆるくてもいいんだっていう体験ができると、じゃあやってみるかっていう気持ちがもてるかもしれないですよね。

岩田　そうですね。私も授業動画は5分にしました。5分間で問いかけて「あとは自分でやってね」という感じです。全部説明してしまうのが授業動画ではないなと思って。問いかけて「えっ、何だろう？」って考えさせて、私は「じゃあねー」という感じです。

曽根　まさに「もうちょっと見たい」ぐらいのところですよね。

岩田　教える側も「5分ならできそう」と思えますし、動画慣れしている小中学生にとっても「5分だったら見よう」となると思います。

上條　僕は20分の動画だったら倍速で見ていますからね。守さんの考える必要なことは？

守　私は「遊ぶこと」かなって思っています。「怖さ」の反対です。私の所属は附属校なので、皆さん授業はちゃんとやりたいというか、こだわりをもっている先生が多いんです。そこで、オンライン授業を検討するとなった時に、予備校とかの動画をいろんなところから探して見たんです。そうしたら「授業時間いっぱいの動画は無理だなー」ってみんなが言って、頓挫してしまった。だったら、「私が作ってみます」と言って、PowerPointに声をのせて作り始めたのですが、自分で見てみたら、ただの紙芝居だったんですよね。それで心が折れそうになった時に、もう振り切って遊んでみようかなという発想になったんです。遊びなら失敗も成功もないし、教科からも離れることができたので、こだわりも何もなく、ただ自分の興味だけでいける。そこで何が起こるかやってみま

せんかっていうのが、職員研修でやった時のスタートでした。最初は、Zoomもどう使うのかわからない状態でした。そこで、教え子に連絡して、「ごめんちょっとZoomで同窓会しよう」って言ったんです。「僕が授業っぽい仕立てでスタートするから、みんなはできるだけ好き勝手に参加してくれ」ってお願いして。そうしたら、もう20代の子達なんですけど、背景をいろいろ変えまくる子とか、すごくうなずいて聞いているので「今何してた？」って聞いたら「別画面でYouTube見てました」っていう子がいました。そういうことが起こるんだっていうのがわかってきたら、遊びの中にエラーも囲い込んでしまえるなと思えたんです。そうすると「これは想定される範囲」だと考えられるようになって、自分の中での怖さはだいぶ取れました。

上條　僕の大学は5月18日からスタートだったんです。そこで、春休み中にまだ会ったことのない2年のゼミ生に23時集合のゼミの連絡をかけたんです。23時からだから、5分ぐらいしたら帰っていいからって言ったんだけど、2年生もなんとなくうずうずしてそこにいて、なんとなく顔を合わせてという時間が面白かったんですよね。それがさっきの言葉で言うと、遊んだという感じですかね。それを経験すると、だいぶ気持ちが違ってきますよね、確かに。

曽根　私も卒業生とZoomをした時に気付いたのですが、子どもたちはボタンがあれば触ってみようとか、友達とはちょっと違ったことをしてみようという感覚をもっているんですよね。でも、我々は立場もあるし、内容もきちんとしたことをしなきゃいけないかなという気持ちが大きい。子ども達の方が柔軟なのに、大人が構えてしまうところはあると思います。

守　だから私たちが「ちょっと面白いのを探してみよう」とかって言ったら、子どもから「こんなのできました！」「調べたらこんなのもあるけど、先生知らないの？」とかそういう風なサイクルに入ったら、私たちも発見が増えるかもしれないな、なんて思いますね。

上條　僕たちも試行錯誤しながらやっているところを、学生たちもやっ

てくれたりしたらうれしいですよね。

## ◆ 初めての入り口になるツールは？

上條　ところで、第２波が来るという予測があります。そうなると、これまでやったことのない先生方もオンライン授業に触れられる感じになった方がいいと思うんです。そんな時に守さんや岩田さんみたいな同僚がいてくれたらうれしいですけど、そんな学校ばかりではないですよね。個人でちょっと前に進もうとした時に、ちょっとした入り口になるような具体的なツールはありますか？

藤原　子どもに対してオンライン授業をスタートする前に、**職員会議をそれぞれの教室から Zoom に入ってもらってやる**という体験を２、３回やれば使い勝手がわかってきます。それで、１つ使い方がわかればあとはそれの応用だったり付け足しぐらいでいけるのかなと思うんですよね。

　僕は Google フォームがすごく便利だと思っています。アンケートの集計機能があるので、意見の集約がすぐできますし、視覚化もできます。いろいろな場面に応用がきくなと思っています。

守　Google フォームは私も使っています。例えば、学校の中で一部でも ICT が使える環境があれば、いきなりオンライン授業をやるのではなくて普通の授業の中で ICT をツールとして使ってみるというのはどうでしょうか。私の学校は１人１端末になっていないのですが、私が授業で「こんな使い方があるよ」って示したら、家で子ども達が勝手にやり始めたんです。地理の授業で iPad を電子黒板につないで、**Google Earth** を使っていた時のことです。三角州とか扇状地の衛星写真を見せて「こうやったら無料でできるから、お家の端末に入れてごらん」って言ったら、子どもたちはめちゃくちゃ探したみたいで。そのうち、みんなの探した地形をスクリーンショットで撮ってアップしたらいいんじゃないかっていうアイデアが子どもから出てきたんです。使えそうなツールを探してリアルな授業の中で扱っておけば、また休校になった時に

「あの授業の時の感じでやってみてくれる？」って言うことで、教室での授業を50分、45分詰め込む形ではなく、「これをこの期間で探してみて」とか「教科書を参考にしながらこういうものをできるだけ探してごらん」という課題で、ミニ自由研究みたいなことができるんじゃないかと思います。

上條　面白いですね。今学校に来ている状況の中で使えるツールを見つけておいて、休校になったらそれを使おうってことですよね。今はあちこち探せば、オンラインでの無料の講座が結構あるんですよね。

守　そこで知ったツールを、いきなりオンラインでやろうとすると「ああ準備しなきゃ」ってなるけど、それを普通の授業でちょっと入れられるチャンスがあれば、ハードルはどんどん下がっていきますよね。

曽根　私は、担当している委員会で高学年の各クラスから3、4名ずつ集まってきたメンバーに、「今後の委員会活動で、何ができそうかをオンラインで会議しよう」と伝えました。Google の JamBoard[*2] を使ってアイデアをあげていってねって話をすると、子どもの柔軟な部分が発揮されて、「今年はまったく全校が集まることができていないから、リモート集会をしたい」とか、「面白いライブをやって学校が楽しめる配信をしてみたい」というアイデアが出されました。私が担任していないクラスの子たちも参加していたので、もしかしたら、オンライン学習をやり始めることになった時には、その子たちが先ほど言った伴走者になって、先生を助けたりクラスの友達を助けたりといったような姿が出てくるんじゃないかと期待しています。

## ◆with コロナの現場で感じること

岩田　第2波に備えて、普段の授業が変わった先生が何人かいるんです。以前より ICT を使うようになって、守先生のように「これは家でこうやってしたらアクセスできて、自分で見られるよ」という風に話す先生が増えたと思います。遠隔でもできることを授業で見せるという先生が増えてきたっていうのが、「with コロナ」の現場で感じることですね。

---

*2　Google が提供している共同作業ができるデジタルホワイトボード。
　　https://gsuite.google.co.jp/intl/ja/products/jamboard/

オンラインのオの字もないような、そういう授業の方もいるんですけど、意識のある方は備えています。

上條　オの字もない方っていうのは、怖いということなんですかね。

岩田　結局「今、目の前に子どもたちがいるから、オンラインなんてもういいんじゃないか」って。

上條　そういうことかぁ。ちなみに、初心者に優しいオンライン授業は、みんなを鷲掴みにして「やれ！」っていうことでもないでしょうから。みんなが楽しそうにやっていれば「やるか？」「面白そうじゃない？」っていう感じになりますよね。面白がれる人が学校の中にもう少し増えてくると、変わるかもしれない。僕は3割4割ぐらいの人が何か新しい機械とかテクニックを使い始めたら僕もやる。そうすると楽に入れます。

守　最初にやってみる人が、突っ込みどころがあるぐらいでやってみるのがいい気がします。最初にあんまり立派なものを見せられちゃうと「真似しよう」って思うか「そんなの無理だよ」ってあきらめるか、どちらかになってしまうと思うんです。みんなからツッコミを入れられる余白を残しておいた方が、スタートにはいいかもしれないです。

岩田　その方が混ざりたくなるし、自分もできるかも、と思えますね。

守　そこにみんなで足していくっていう感じがいいかなって思いますね。

上條　それではここで終わります。今日はありがとうございました。

---

### オンライン授業導入のチェックリスト

【教師のスキル】

□授業者がオンラインのセミナーや講座を受講したことがある。

□それぞれのツールの良さが分かる。

□オンライン授業で起こりうるトラブルと、解決策を知っている。

□同僚と情報を共有している。

【環境面】

□端末の種類や数を把握している。

□オンライン授業に必要な通信環境が整っている。

□学校の端末でできることと各家庭の端末でできることが分かる。

□オンライン授業のメリットを保護者と共有している。

# 箇条書きリフレクションの必要性

上條晴夫 （東北福祉大学教育学部）

松本紀子 （神戸学院大学附属中学校・高等学校）

　日本では技術進化が始まったばかりの「オンライン授業」をリフレクションするにはどのようなアプローチがよいか。F・コルトハーヘンの2段階あると言われていたリフレクション理論を「下に」理論拡張して創り出したのが「箇条書きリフレクション」のアプローチです。

| ①箇条書きリフレクション | ＊とにかく試行してみて「気づき」を箇条書きする<br>＊「対話ツール」として読者を意識する<br>＊自己リフレクションがしやすい |
| --- | --- |
| ②場面描写リフレクション | ＊自分のよいと思う授業シーンを1つに絞って語る<br>＊「後出しリフレクション」が役に立つ<br>＊協働的リフレクションが有効である |
| ③意味対話リフレクション | ＊自分の探究すべき実践の意味を掘り下げていく<br>＊「自問リフレクション」が鍵になる<br>＊対話リフレクションが適する |

（リフレクションの3段階モデル・上條・2020）

　これまで「平時」に行われてきた授業リフレクションは自分のなかに一定の「授業の理想」があって、その「授業の理想」が実際の授業のどのシーンに現れるかを協働的に探究したり（②）、さらにそのリフレクションの土台にある「授業の理想」を対話的に深掘りしたり（③）という作業が行われていました。しかし「オンライン授業」という技術開発黎明期におけるリフレクションでは、そうした「授業の理想」に基づくリフレクションが難しいと考えました。とにかく試行してみて、そこで気がついた「気づき」を列挙するアプローチがよいと考えました。

　この方法を「箇条書きリフレクション」（①）と名付けました。

　自分の気づき体験を広く浅くメモするのに適しています。

○試行を通した「気づき」をできるだけたくさん書き出します。

○書く際に順序やカテゴリーは気にしなくてもいいです。

○文を少し整えて「対話ツール」として活用します。

以下、実際に書いてもらった実例を紹介します。

## ■箇条書きリフレクションをしてわかったこと

　私（松本）の授業改善のきっかけとなった箇条書きリフレクション。「オンオン会」の公開講座に関して書いたものです。

【2020年4月21日　安田太郎のオンライン授業入門講座】

①Zoomのスタンプ機能によって他の参加者の存在が視覚化された。

②講師の穏やかな声のトーンと受容するコメントでやる気が出た。

③お笑いの要素で場が和み、参加者が団結したと感じる場面があった。

④オンライン学習の方が自分の強みを生かせる生徒がいると知った。

⑤英語の発音指導時の口元アップなどオンラインの方がやりやすいことがあると確認できた。

⑥不登校の子がオンラインなら参加できたという事例を知った。

⑦音声トラブル時に画面上で手を振って励ましあえてうれしかった。

⑧多くの公立校ではオンライン授業ができない状況下で「オンライン授業をできる人から実践し、市民権を得よう」という講師のメッセージに大いに励まされた。

⑨「自分の投票によって結果が変わる」活動が良いと思った。

　その後も箇条書きリフレクションを行うにつれて、以下のような箇条書きリフレクションのよさにも気づきました。

１）研修や授業全体を思い起こすことができる。

２）多様な『気づき』を取り出せる。

３）次に自分がしたいこと、工夫したいことがはっきりする。

　また、先のリフレクションをもとに以下のような授業を行うことがで

きました。

　まず、上述のリフレクション⑧をきっかけに勤務校にオンラインのライブ授業をしたいと申し出ました。

　また、リフレクション①⑦から休校中の対面授業ができない時期でも「生徒同士がお互いの存在を感じて励ましあえる授業」をしたいと思い、「英問に対してチャット欄に書き込みを行う活動」を授業に取り入れました。多数の書き込みが並ぶと一緒に学んでいる人の存在を視覚的に感じ取れると思ったからです。

　さらに生徒がチャット欄に書いた答えを私が全体に対して読み上げる時には②を意識して共感的な一言を付け加えるようにしました。

　事後に行った生徒へのアンケートには「コメントしたり読めたりしたのが楽しかった」「みんなのコメントがユーモアがあっておもしろかった」「いつも以上に意見交流ができた」「チャット欄で皆がいることがわかったのがよかった」という感想がありました。

　このように箇条書きリフレクションのお陰で、講座での体験を言語化し、自分がやりたい『次の実践』につなぐことができました。


　この実践例で示されたように箇条書きリフレクションを書くことで、自分の学びや実践を通して微かに気づいたことを記録として残すことができます。そしてその箇条書きリフレクションで書き出した言葉がヒントになって、実践の次の一手となる手がかりが得られます。

　今のオンライン授業ではこの次の一手が重要です。「オンオン会」では「これがオンライン授業の決定版だ！」ということをできるだけ言わないようにしています。まだまだ黎明期の実践・研修です。「ここを深掘りしたら子どもたちも授業を楽んでくれそうだ（笑顔が浮かぶ）」「わたしがこういう方法を試したら納得いく研修ができた」というアイデアを大事にして研究会やワークショップをしています。その代わり、そうしたアイデアを巡って、それぞれが箇条書きリフレクションを書いて対話を深めています。

残念なことに With コロナの時代はしばらく続きそうです。救世主的方法論を待ち望んだり「もうコロナは大丈夫なんだ」と言いたくなるのをグッとこらえて、第2波が来た時に子どもたちと協働的な学びができる学びを続けたいです。

　ぜひ一緒に新しい授業づくりをしましょう。

2020年7月

■ 著者紹介

**上條晴夫**（かみじょう・はるお）

1957年山梨県生まれ。東北福祉大学教育学部教授。特定非営利活動法人「全国教室ディ
ベート連盟」理事。リフレクション lab 理事長。著書に『理想の授業づくり』（ナカニシヤ
出版）『実践・教育技術リフレクション　あすの授業が上手くいく〈ふり返り〉の技術①身
体スキル』（合同出版）など多数。

オンライン授業をオンラインで学ぶ会
以下、3つの柱に基づく様々な活動を行っている。
1. オンライン授業の意味を協働的に探求する
2. オンライン授業のしかけを発掘・開発する
3. オンライン授業をリフレクションで広げる

**安田太郎**（ピープルフォーカス・コンサルティング（上海）有限公司 董事長）
**池亀葉子**（特定非営利活動法人 Creative Debate for GRASSROOTS 理事長、
　　　　　民間こども英語講師授業研究会主宰）
**蓑手章吾**（東京都小金井市立前原小学校教諭）
**曽根義人**（宮城県塩竈市立杉の入小学校教諭）
**芳賀祐子**（宮城県富谷市立富谷小学校教諭）
**岩田慶子**（兵庫県神戸市立多聞東中学校教諭）
**守　康幸**（宮城教育大学附属中学校教諭）
**藤原友和**（北海道函館市立万年橋小学校教諭）
**上條廣大**（長野県松本市立芳川小学校教諭）
**松本紀子**（神戸学院大学附属中学校・高等学校非常勤講師）

子どもとつながり、学びが広がる！
# オンライン授業スタートブック

2020年8月20日　初版第1刷発行

著　　者　上條晴夫・オンライン授業をオンラインで学ぶ会
発 行 者　花岡萬之
発 行 所　学事出版株式会社
　　　　　〒101-0021　東京都千代田区外神田2-2-3
　　　　　電話03-3255-5471　http://www.gakuji.co.jp

編集担当　加藤　愛
装　　丁　岡崎健二　／　本文イラスト　海瀬祥子　／　本文デザイン　三浦正已
印刷製本　精文堂印刷株式会社